"互联网+"现代农业知识读本

"HULIANWANG+"
XIANDAI NONGYE
ZHISHI DUBEN

李奇峰 李 洁 ◉主编

中国农业出版社
北 京

主　　编：李奇峰　李　洁

副 主 编：周宪龙　陈天恩　秦向阳　郑姗姗

　　　　　淮贺举　史磊刚　刘建刚　梁丽娜

编写人员（按姓名拼音排序）：

　　　　　曾凡立　陈国庆　陈天恩　陈文焘

　　　　　丁露雨　高荣华　韩　沫　淮贺举

　　　　　蒋瑞祥　孔箐锌　李　洁　李奇峰

　　　　　李小刚　梁丽娜　刘建刚　马为红

　　　　　秦向阳　史磊刚　宋振伟　唐　衡

　　　　　王爱玲　王　维　肖伯祥　杨　勇

　　　　　于沁杨　余礼根　张保岩　郑姗姗

　　　　　周宪龙

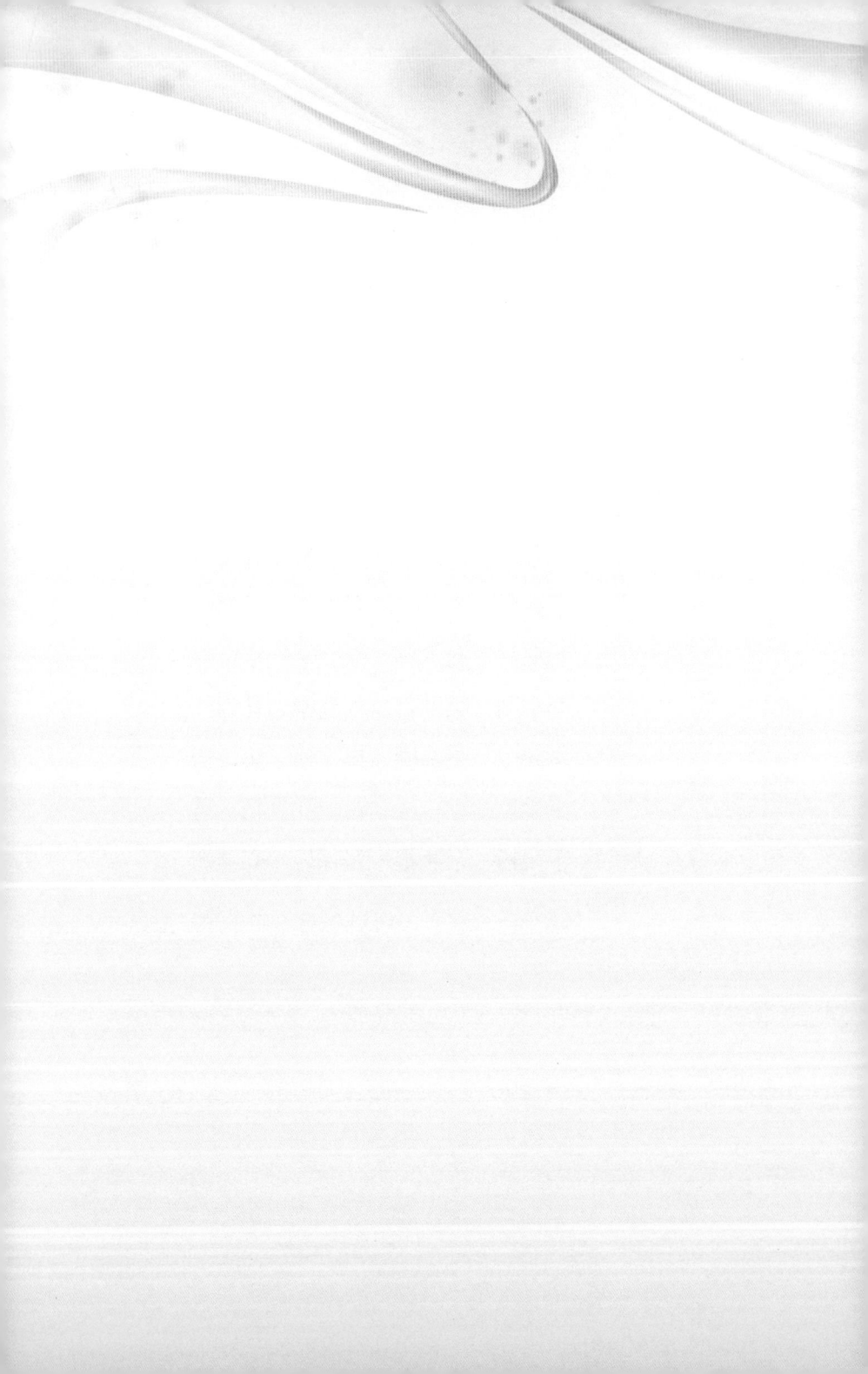

　　随着我国经济进入新常态、改革进入深水区、经济社会发展进入新阶段，农业发展的内外环境正在发生深刻变化。粮食连续增产的背后，我国走过了一条高投入、高产出、高速度和高资源环境代价的农业发展道路。北方农区以超采地下水来维持日益增长的用水需求，华北平原漏斗面积占到总面积的52.6%；现有耕地面积逐年减少，耕地土壤基础地力不断下降，中低产耕地占65%，每年由于水土流失、土壤盐碱化和沙化损失的耕地面积仍在增加；化肥农药等超量使用造成面源污染升级，每年约有1 000万吨的农膜等塑料残余物滞留在农村地区，土壤污染面积占总耕地面积的1/5。与此同时，国际市场大宗农产品价格已不同程度低于我国国内同类产品价格，农业发展既面临着价格"天花板"与成本"地板"的双重挤压，也面临着资源环境"红灯"和补贴政策"黄箱"的双重约束，既要保障粮食安全、持续增加农民收入，又要实现生态安全、环境安全和可持续发展，是我国农业现代化发展面临的重大挑战。

　　当前和今后一个时期，是加快推进农业现代化和促进城乡一体化的关键时期，也是全面深化农村改革和加快推进农业发展方式转变的攻坚时期，农业资源科学配置和有效利用的要求更加迫切，农业生产监测、预警处置的任务更加艰巨，农产品市场监测和宏观调控更加困难，农业经营管理高效透明的要求更加突出。党的十八大提出，"促进工业化、信息化、城镇化、农业现代化同步发展"战略部署；《国务院关于积极推进"互联网＋"行动的指导意见》，将"互联网＋"现代农业作为11项重点行动之一加以推进；《国民经济和社会发展第十三个五年规划纲要》，将"提高农业技术装备和信息化水平"作为单独章节系统部署。加快"互联网＋"现代农业深度融合，推动信息技术作为一种新型生产力的核心要素融入现代农业产业体系和价值链，融入农业各个方面和各个环节，实现智能化生产、网络化经营、科学化管理和社会化服务，提高农业产业整体素质、农业效益和竞争力，促进农业增效、农村发展、农民增收，是我国农业突破约束、实现现代农业发展、转型、升级的根本出路。

本书以通俗的语言和图文并茂的形式，系统论述"互联网＋"现代农业的内涵、主要任务、推进路径，介绍农业信息技术的概念、主要特征和工作原理，研究国外农业信息技术发展趋势，阐述信息技术在农业生产、经营、管理、服务方面的重要作用，以期读者对"互联网＋"现代农业有初步的了解。

由于时间仓促，书中难免出现疏漏和错误的地方，望广大读者批评指正。

编　者

2018年8月

目 录
CONTENTS

1

第一章
"互联网＋"现代农业的概念

1. 农业发展的阶段简述

从全球农业发展历程来看，大致可以划分为4个阶段。第一个阶段是近5000年前至18世纪，表现为依靠人力劳作，辅以简单的畜力和工具，抗御自然灾害能力差，农业生态系统功效低，商品经济较薄弱；第二个阶段是18世纪至19世纪中叶，借助工业革命的成果，表现为大量机械、杂交品种和化学肥料的大量使用，农业的作业效率和单产大幅提高，机械化、良种化、化学化成为显著特征；第三个阶段是19世纪下半叶至20世纪末，表现为生物技术、信息技术的突飞猛进，农业生产更加科学化、集约化、商品化和产业化；第四个阶段是21世纪以来，表现为物联网、大数据等新一代信息技术的广泛应用，正在实现全面感知、可靠传输和智能控制，通过产前市场信息分析做好生产规划，产中的精细管理减少劳动力和农资投入，产后高效流通形成完善的追溯机制，生产的集约化程度进一步提升，最大限度地降低农业能耗和成本，最高效率地利用各种农业资源，最大限度地保护农业生态环境，是高度智能化的农业。

从当前我国农业发展来看，以信息技术为核心的新一轮科技革命和产业变革与我国经济发展进入新常态、加快转型升级形成历史性交汇，我国迎来信息化与农业现代化同步发展的重大历史机遇。推动信息技术作为一种新型生产力的核心要素融入现代农业产业体系和价值链，融入农业各个领域和各个环节，实现智能化生产、网络化经营、科学化管理和社会化服务，增强农业产业整体素质、农业效益和竞争力，促进农业增效、农村发展、农民增收，是我国农业突破资源环境约束、实现转型升级的根本出路。

2. 什么是"互联网＋"？

"互联网＋"是把互联网的创新成果与经济社会各领域深度融合，推动技术进步、效率提升和组织变革，提升实体经济创新力和生产力，形成更广泛的以互联网为基础设施和创新要素的经济社会发展新形态。"互联网＋"就是"互联网＋"各个传统行业，是利用信息通信技术和互联网平台，让互联网与传统行业进行深度融合，创造新的发展（图1-1）。它代表一种新的社会形态，即充分发挥互联网在社会资源配置中的优化和集成作用，将互联网的创新成果深度融合于经济、社会各领域之中，提升全社会的创新力和生产力，形成更广泛的以互联网为基础设施和实现工具的经济社会发展新形态。

图1-1 "互联网＋"各个传统行业

2015年7月4日，《国务院关于积极推进"互联网+"行动的指导意见》正式印发，提出"互联网＋"创业创新、协同制造、现代农业、智慧能源、普惠金融、益民服务、高效物流、电子商务、便捷交通、绿色生态、人工智能等11项重点任务。"互联网+"现代农业是充分运用互联网的思维和能力，解决传统农业存在的"痛点"，通过农业生产、经营、管理、服务的在线化和数据化，现代产业结构升级、产业组织优化和产业创新方式变革，提高农业产业整体素质、农业效益和竞争力，切实提升资源利用率、劳动生产率和经营管理效率。

3. 什么是物联网？

物联网是新一代信息网络技术的高度集成和综合应用，是信息化和工业化、城镇化、农业现代化深入融合的产物，是新一轮产业革命的重要方向和世界产业格局重构的重要推动力。顾名思义，物联网是物物相连的互联网，是互联网的应用拓展。物联网通过智能感知、识别技术与普适计算等感知技术，广泛应用于网络的融合中，也因此被称为继计算机、互联网之后世界信息产业发展的第三次浪潮。2013年2月5日，《国务院关于推进物联网有序健康发展的指导意见》印发，提出了加快技术研发、推动应用示范、改善社会管理、突出区域特色、加强总体设计、壮大核心产业、创新商业模式、加强防护管理、强化资源整合等9个方面的任务。

物联网技术是现代信息技术的新生力量，是推动信息化与农业现代化融合的重要切入点，也是推动我国农业向"高产、优质、高效、生态、安全"发展的重要驱动力。农业物联网（图1-2）

图1-2 农业物联网示意

3

技术集成先进传感器、无线通信和网络、辅助决策支持与自动控制等高新技术，可以实现对农业资源环境、动植物生长等的实时监测，获取动植物生长发育状态、病虫害、水肥状况以及相应生态环境的实时信息，并通过对农业生产过程的动态模拟和对生长环境因子的科学调控，达到合理使用农业资源、降低成本、改善环境、提高农产品产量和质量的目的。

4. 什么是云计算？

美国国家标准与技术研究院（NIST）定义：云计算是一种按使用量付费的模式，这种模式提供可用的、便捷的、按需的网络访问，进入可配置的计算资源共享池（资源包括网络、服务器、存储、应用软件、服务等）。它意味着计算能力也可以作为一种商品进行流通，就像煤气、水和电一样，取用方便，费用低廉。云计算可以认为包括3个层次的服务：基础设施即服务（IaaS）、平台即服务（PaaS）和软件即服务（SaaS）（图1-3和图1-4）。基础设施即服务，指消费者通过互联网可以从完善的计算机基础设施获得服务。平台即服务，指将软件研发的平台作为一种服务，以SaaS模式提交给用户。软件即服务，指用户无需购买软件，而是向提供商租用基于Web的软件。

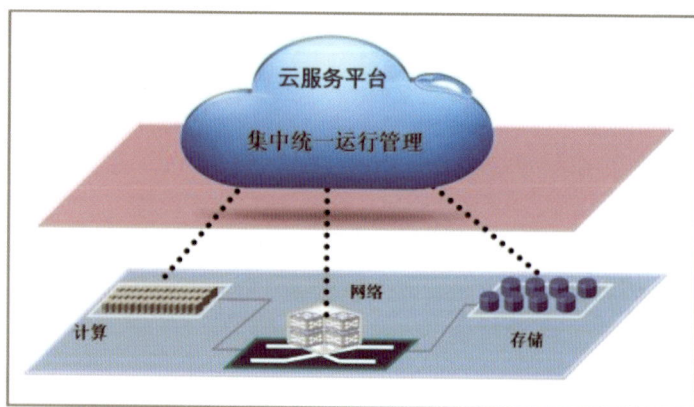

图1-3 云服务平台示意

图1-4 云服务架构示意

大数据与云计算的关系就像一枚硬币的正反面一样密不可分。大数据必然无法用单台的计算机进行处理，必须采用分布式计算架构，关键在于对海量数据的挖掘，必须依托云计算的分布式处理、分布式数据库、云存储和虚拟化技术。

5. 什么是大数据？

维基百科对大数据（Big Data）的定义为：大数据是指无法在一定时间内用常规软件工具对其内容进行抓取、管理和处理的数据集合。国际数据公司（IDC）统计，2011年全球被创建和被复制的数据总量为1.8ZB，远远超过人类有史以来所有印刷材料的数据总量（200PB）。谷歌公司每个月处理的数据量超过400PB；百度每天大约要处理几十PB数据；Facebook注册用户超过10亿，每月上传的照片超过10亿张，每天生成300TB以上的日志数据；雅虎的总存储容量超过100PB[①]。IBM（国际商业机器公司）研究称，到2020年，全世界所产生的数据规模将达到今天的44倍。此外，电子商务、快递、企业的网站和IT系统承载了大量的数据；公安、交通、安保的海量监测数据；传统的大型超市、商场、电子商务集聚了大量的信息；移动互联网浪潮下，各种手持智能终端的普及和定位设备的应用，也在不断产生大量的数据。

①数据单位表示 kB/MB/GB/TB/PB/EB/ZB/YB，10^{24}进制。

　　"大数据"具有数据量大、种类多和速度快等特点，涉及互联网、经济、天文、气象、物理等众多领域。主要特征有：首先是数据量很大，已经从TB级跃升至PB级。其次是区别于传统的数据结构，"大数据"时代的数据结构比较复杂，超过80%都是非结构化数据。第三是数据更新快，如视频监控每秒钟都在进行、微博随时都有人在更新。第四是对数据的随机访问，这些更个人化的数据在存储后被再次访问的时间是不确定的。一般用"4 V"来总结"大数据"4个层面的含义：容量巨大（Volume）、数据类型多（Variety）、价值密度低（Value）和处理速度快（Velocity）。在农业领域，对3S技术（遥感技术RS、地理信息技术GIS、全球定位系统GPS）采集的农业海量数据和基于物联网技术采集的农业海量数据等进行高效处理，将为未来"智慧农业"的发展提供强有力的技术支撑（图1-5和图1-6）。

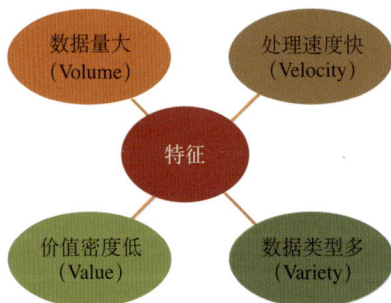

图1-5　大数据的基本特征

图1-6　大数据的概念示意

6. 什么是移动互联网？

　　移动互联网（Mobile Internet，简称MI）简称移动互联，是指互联网的技术、平台、商业模式和应用与移动通信技术结合并实践的活动总称。从技术层面的定义，以宽带IP为技术核心，可以同时提供语音、数据和多媒体业务的开放式基础电信网络；从终端的定义，用户使用手机、上网本、笔记本电脑、平板电脑、智能本等移动终端,通过移动网络获取移动通信网络服务和互联网服务。移动互联网是互联网与移动通信各自独立发展后互相融合的新兴市场,目前呈现出互联网产品移动化强于移动产品互联网化的趋势。随着技术和产业的发展,移动互联网的各项功能得到完善和增强,并与云计算相结合形成一种巨型复杂的网络系统。移动互联网的代际分期见表1-1。

表1-1 移动互联网的代际分期

代 际	1G	2G	2.5G	3G	4G
信号	模拟	数字	数字	数字	数字
制式		GSM、CDMA	GPRS	CDMA2000、WCDMA、TD-SCDMA	TD-LTE、LTE
主要功能	语音	语音与数据	语音与数据	低级宽带	广带
典型应用	通话	短信-彩信	WAP网	高速上网与多媒体	高清

◆ 参考文献

国务院关于积极推进"互联网+"行动的指导意见: 国发[2015]40号[EB/OL]. (2015-07-04). https://baike.baidu.com/item/% E5 % 9B % BD % E5 % 8A % A1 % E9 % 99 % A2 % E5 % 85 % B3 % E4 % BA % 8E % E7 % A7 % AF % E6 % 9E % 81 % E6 % 8E % A8 % E8 % BF % 9B % E2 % 80 % 9C % E4 % BA % 92 % E8 % 81 % 94 % E7 % BD % 91+% E2 % 80 % 9D % E8 % A1 % 8C % E5 % 8A % A8 % E7 % 9A % 84 % E6 % 8C % 87 % E5 % AF % BC % E6 % 84 % 8F % E8 % A7 % 81.

国务院关于推进物联网有序健康发展的指导意见: 国发[2013]7号[EB/OL]. (2013-02-05) http://www.gov.cn/zwgk/2013-02/17/content_2333141.htm.

张爱国, 2014.移动地理信息系统技术与开发[M].北京, 清华大学出版社.

第二章

"互联网+"新型农业经营主体

1. 什么是农业的互联网思维？

互联网思维，就是在"（移动）互联网+"、大数据、云计算等科技不断发展的背景下，对市场、用户、产品、企业价值链乃至对整个商业生态系统进行重新审视的思考方式。农业的互联网思维包括4个方面：一是无处不在。未来将是一个人人相连、物物相连、业业相连的世界，互联网如同水、空气一样，每个人都离不开，必将融入农业的各行业各领域。二是无中生有。网络世界孕育无限可能，未来农业物联网、农业大数据、农业电子商务、农业信息服务将会涌现出许多新产业、新业态、新商业模式。三是无微不至。目前，市场竞争正在由以产品为中心向以服务为中心转变。无论是相关企业向农民提供各项服务，还是向城乡居民销售农产品，都要增强服务意识，提供无微不至的优质服务。四是无边风月。"互联网+"现代农业、农业农村大数据以及农业物联网、农业电子商务等发展潜力巨大，前景无限美好。

2. 为什么要提高新型农业经营主体信息化水平？

随着我国经济进入新常态、改革进入深水区、经济社会发展进入新阶段，农业发展的内外环境正在发生深刻变化。粮食连年增产的背后，我国走过了一条高投入、高产出、高速度和高资源环境代价的农业发展道路。北方农区以超采地下水来维持日益增长的用水需求，华北平原漏斗面积占总面积的52.6%；现有耕地面积逐年减少，耕地土壤基础地力不断下降，中低产耕地占65%，每年由水土流失、土壤盐碱化和沙化损失的耕地面积仍在增加；化肥农药等超量使用造成面源污染升级，每年约有1 000万t的农膜等塑料残余物滞留在农村地区，土壤污染面积占总耕地面积的1/5。与此同时，国际市场大宗农产品价格已不同程度低于我国国内同类产品价格，农业发展既面临着价格"天花板"与成本"地板"的双重挤压，也面临着资源环境"红灯"和补贴政策"黄箱"①的双重约束，既要保障粮食安全、持续增加农民收入，又要实现生态安全、环境安全和可持续发展，是我国农业现代化发展面临的重大挑战。

加快信息化与农业现代化全面深度融合，是我国农业突破约束、转变发展方式的根本出路，是提升农业产业整体素质，提高农业效益和竞争力的重要途径。因此，要加大对新型农业经营主体信息化方面的引导和培训，充分利用现代信息技术，对农业生产经营的各种要素实行数字化设计、智能化控制、精准化运行、科学化管理，将农业资源、生产要素、市场信息的运用提升到全新水平，能够提高农业生产经营的标准化、智能化、集约化、产业化和组织化水平，提升资源利用率、劳动生产率和经营管理效率，不断拓宽农业发展的道路和空间，增强农业的可持续发展能力。

3. 什么是新型职业农民智能手机培训？

2015年10月，农业部印发了《农业部关于开展农民手机应用技能培训提升信息化能力的通知》，通过有力有序大规模培训，掀起农民手机培训的热潮，大幅提升农民利用手机发展生产、便利生活、增收致富的能力，让农民群众在共享互联网发展成果上有

---

① 根据WTO《农业协定》将那些对生产和贸易产生扭曲作用的政策称为黄箱政策措施，要求成员方必须进行削减。黄箱政策措施主要包括价格补贴，营销贷款，面积补贴，牲畜数量补贴，种子、肥料、灌溉等投入补贴，部分有补贴的贷款项目。

更多获得感。通过手机应用技能培训，让农民采用新品种、应用新技术，科学防控动植物疫病，提高农业生产科技含量；让农民学会利用电子商务平台销售农产品，促进产销精准对接，实现优质优价；让农民在网上购买到货真价实的农业生产资料（简称农资）和生活消费品，降低生产生活成本；让农民享受更加灵活便捷的在线教育、医疗挂号、就业培训、贷款保险、生活缴费等公共服务，促进城乡公共服务均等化。培训内容涵盖手机性能、智能手机操作方法、手机常用软件、手机上网、电子商务、涉农手机应用服务、大数据、物联网等农民急需掌握的科普知识和操作技能。培训方式包括单独组班与培训项目相结合、理论与实践相结合、线上与线下相结合、农业广播电视学校与联盟企业相结合等多种方式。

4. 科技特派员需要掌握哪些信息技术？

自2002年科技特派员制度试点以来，已覆盖了全国90%的县（市、区），72.9万名科技特派员长期活跃在农村基层，以项目支持、资金入股、技术参股、技术承包、有偿服务等形式，与专业大户、家庭农场、农民合作社、龙头企业等结成利益共同体，形成利益激励机制，直接服务农户1 250万户。适应"互联网＋"现代农业的发展要求，科技特派员首先需要具备信息化意识，充分理解信息化是农业现代化的重要标志和实现手段，要充分利用信息技术改造传统农业，加快农业发展方式转变。其次要加强农业信息技术的技能培训，包括大田种植、设施园艺、畜禽养殖、水产养殖等方面农业信息技术产品的基本知识和操作技能。第三，要能够熟练地驾驭各类互联网传播工具，包括智能手机、各种网络媒体和软件，具备较强的信息获取和分析处理能力，能够甄别出适合当地农业生产和农民需求的信息，提高自身服务"三农"的能力。在科技特派员管理方面，需要建立信息化的管理系统，开展科技特派员网络认定和注册，建设跨部门的国家"三农"专家库，为科技特派员创业服务提供智力支持。

5. 为什么要培育农业电子商务主体？

党的十八届三中全会指出，"要使市场在资源配置中起决定性作用"。发展农业电子商务，一是可以为传统农产品产销注入信息化元素，以信息流带动物流、技术流、人才流、资金流，实时反映供求状况，解决市场信息不对称问题，建立健全现代农产品流通体系；二是可以促进现代信息技术与传统农业全面深度融合，推动农业生产由以产品为中心转变为以市场为导向、以消费者为中心，倒逼农业生产标准化、品牌化；三是可以满足不同消费者群体的个性化、多样化、便捷性需求，能够突破购销的时空限制，进一步挖掘市场需求潜力，促进消费转型升级。因此，应当围绕提升新型农业经营主体电子商务应用能力，开展新型农业经营主体电子商务应用能力培训，充分利用新型职业农民教育、农村实用人才培训等项目，重点组织专业大户、家庭农场、农民合作社等新型农业经营主体和农业企业负责人，联合有关教育培训机构、电子商务企业，开展电子商务平台使用、农产品和农资网上经营策略与技巧培训，有计划地培养一批有理论和实践能力的农业电子商务人才，切实提高新型农业经营主体电子商务应用能力。

◆ 参考文献

屈冬玉, 2016. 大力推进"互联网＋"现代农业促进城乡发展一体化[N]. 农民日报, 2016-09-07.

农业部关于开展农民手机应用技能培训提升信息化能力的通知：农市发[2015] 4 号 [EB/OL].（2015-10-28）.http://jiuban.moa.gov.cn/zwllm/tzgg/tz/201511/t20151104_4889957.htm.

农业部 国家发展和改革委员会 商务部关于印发《推进农业电子商务发展行动计划》的通知：农市发[2015] 3 号 [EB/OL].（2015-09-06）.http://jiuban.moa.gov.cn/zwllm/ghjh/201509/t20150922_4838810.htm.

第三章
"互联网+" 现代种植业

1. 什么是精准农业？

精准农业（precision agriculture，简称PA）是一套基于空间信息变异实施精细管理的现代农业操作系统。在基于作物长势和农田生长环境空间差异性分析的基础上，利用现代农业信息技术和装备实施变量投入，实施定位、定量的精准田间管理，最大限度地优化各项农业投入，以获取最高产量和最大效益，同时保护农业生态环境和农业资源（图3-1）。

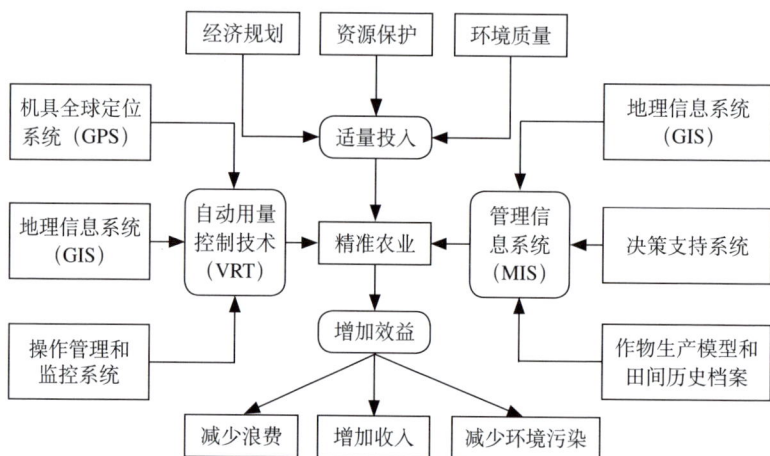

图3-1 精准农业技术流程示意

精准农业技术从实施过程来分，大致包括农田信息获取、农田信息管理和分析、决策分析、决策的田间实施四大部分。3S技术中，RS（遥感）是农田信息的获取手段、GPS（全球定位系统）是地理位置信息的获取手段、GIS（地理信息系统）是农田信息的管理和分析手段，还有DSS（决策支持系统）和ES（专家系统）是决策形成支持系统的核心，再加上自动用量控制技术（VRT）（决策的田间实施），构成了精准农业技术体系的基本内容（图3-2）。

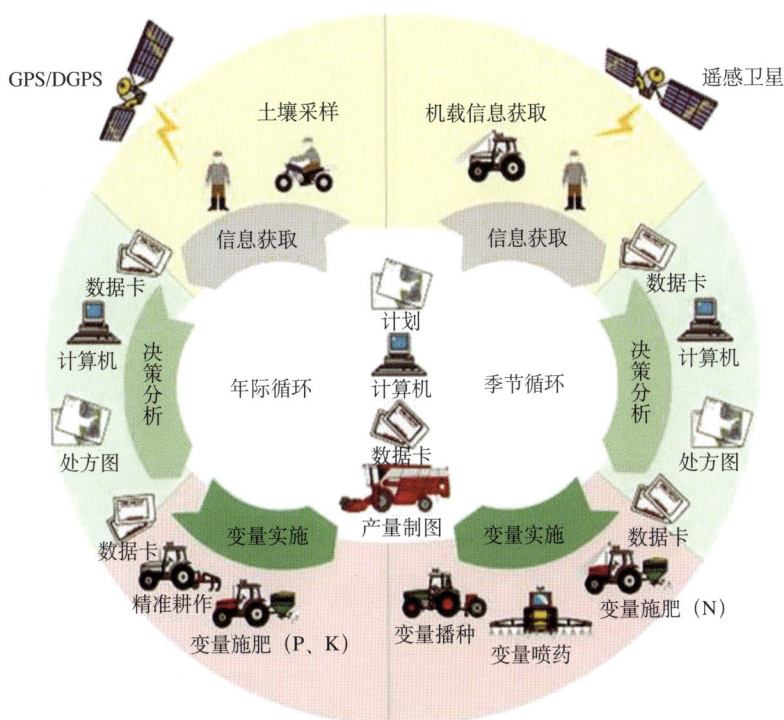

图3-2 精准农业网络结构

精准农业也叫精细农业或精确农业，是20世纪80年代初国际农业领域发展起来的一门跨学科新兴综合的以获得农田高产、优质、高效为目标的现代农业生产模式和技术体系。精准农业随着信息获取、分析决策技术的迅猛发展而逐步成长完善，目前已经成为农业实现高产、高效、生态安全的重要技术手段之一。

2. 空间信息技术能做什么？

空间信息技术（spatial information technology）是20世纪60年代兴起的一门新兴技术，70年代中期以后在我国得到迅速发展，主要包括遥感技术（RS）、地理信息系统（GIS）、全球定位系统（GPS）。RS、GIS、GPS简称3S技术。

遥感泛指对地表事物的遥远感知，是在远离目标和非接触目标物体条件下探测目标地物，获取与分析目标地物的空间几何特征和属性特征信息。农业遥感技术是精准农业技术体系中支持大面积快速获得农业数据的重要工具，主要应用在3个方面：①农业资源调查，对耕地、草地、农田生态环境等农业自然资源的数量、质量和空间分布进行监测与评价。②作物生产监测，播期、分布、长势营养诊断、水肥决策、病虫害、收获期、产量与品质预报监测等。③农业灾害预警，如对旱灾、洪涝、草原火灾与雪灾等重大农业自然灾害进行动态监测和灾情评估，监测其发生情况、影响范围、受灾面积、受灾程度（图3-3）。

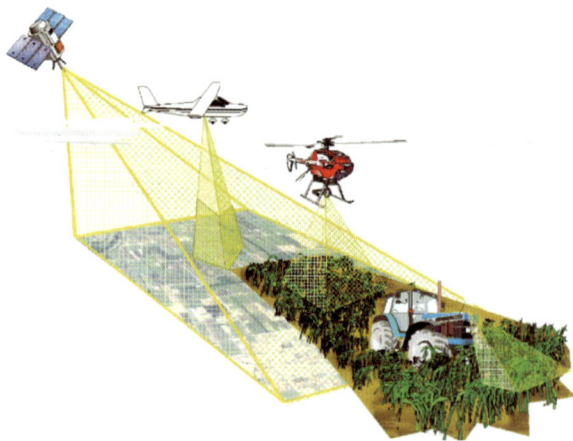

图3-3 遥感监测作物长势示意

地理信息系统（GIS）是以地理空间数据库为基础，在计算机软硬件的支持下，运用系统工程和信息科学的理论，实现空间数据的采集、管理、处理、分析、建模和显示等功能，以提供管理、决策等所需信息的技术系统。精准农业离不开GIS技术的支持，它是构建农业空间数据，以及农业信息空间查询、分析和展示的有力工具。农业地理信息系统主要应用在以下几个方面：①农业资源调查与管理。针对土壤、气象和作物等信息特征，实现农业资源的信息化存储、查询和管理，并利用GIS进行各类资源的空间统计分析和图形展示。②农业区划。利用GIS进行农业区划，可以将现在的自然资源、社会经济数据库与GIS结合，快速形成各种农业区划统计图件。③开展农业土地适宜性评价。利用GIS进行土地适宜性评价就是将土壤类型、质地、有机质含量、氮磷钾含量等土地空间和属性数据进行整合，依据各个因素对作物生长的重要性赋予权重，在GIS中分析运算，生成土地适宜性评价图，也可根据实际情况建立数学模型，进行农业土地适宜性的单因素评价和多因素综合评价，实现土地适宜性的分级。④开展农业生态环境研究。主要有环境监测、生态环境质量评价与环境影响评价、环境预测规划与生态管理以及面源污染防治等。就环境监测而言，依据GIS的模型功能，结合环境监测日常工作需求，建立农业生态环境模型，模拟区域内农业生态环境的动态变化和发展趋势，为决策和管理提供依据；就环境质量而言，由于污染源的区域性、污染物的流动性以及区域梯度变化，用GIS作为支持系统可使环境质量评价结果更加科学和直观。图3-4为北京221信息平台界面。

全球定位系统（GPS）是一种卫星导航定位系统，该系统作为精准农业的核心技术之一，是利用通信卫星、地面上接收系统和用户设备等实时、快速地进行田间操作的精确定位。目前，全世界应用较好的有美国GPS、欧洲伽利略GALILEO、俄罗斯格洛纳斯GLONASS、中国北斗COMPASS。主要应用在以下几个方面：①农业定位。精准地确定田块的边界，病虫害和自然灾害发生的位置。②农机作业导航。农业机械基于导航图自动进行耕作、

图3-4 北京221信息平台界面

施肥、播种、打药、收获测产等农事操作，显著提高了农业的作业效率和质量，降低了人工成本；同时还可以跟踪作业农机，并进行调度。

多数情况下，农业生产中需要遥感、地理信息系统和全球定位系统技术协同作业。例如，利用遥感、GIS和计算机等技术对重大农业灾害进行综合测评。根据GIS的空间特性，对某一区域历史数据的演变分析，对区域内灾害发生的基本规律、时空分布、危害程度等进行综合评价和模拟，并对灾害发展趋势进行预测，为防灾、减灾提供分析对策。

3. 什么是农情信息监测预警？

农业生产形势，特别是粮食生产状况是各级政府农业生产管理部门、农产品购销与加工企业以及广大公众都关注的大事。一方面，农作物长势与产量是国家社会经济基础信息，关系国计民生，对于制定国家和区域社会经济发展规划，制定农产品进出口计划，确保国家粮食安全，指导和调控宏观的种植业结构调整，提高相关企业与农民的经营管理水平均具有重要意义。另一方面，农情信息不仅是调控决策的重要依据，而且可以带来巨大的商业利益，历来受到各国政府的重视，都力争通过各种手段尽早地准确预报农作物产量。随着全球化趋势的深入与发展，为应对国际国内市场竞争，对农情信息的需求显得更加迫切。

农情信息化监测预警就是利用遥感等信息化技术，结合实地验证，快速地监测农作物长势、产量和品质，以及病虫害和干旱的现状，并预测将来发展情况，提前发布预警重大灾害等信息，以便提前采取应对措施。

4. 什么是农作物种植遥感监测？

农作物种植监测是农情监测的重要内容之一，更加侧重农作物生产过程中的关键指标。农作物种植遥感监测主要是基于作物生产特性，利用遥感技术监测作物播期、分布、长势营养诊断、水肥决策、病虫害、收获期、产量与品质预报等。

农业遥感技术可以为精准农业提供实时、动态和准确的作物及农田环境遥感信息，是精准农业的重要信息来源和核心关键技术，已被广泛用于农田生态环境评价、农业资源调查监控、农情（长势与灾害）全程实时动态监测、作物水肥胁迫诊断、农田精准变量作业，以及作物产量与品质监测预报等多个领域，具有大面积、快速、无损的特征，在降低农业投入成本、提高农业资源利用效率、促进农业提质增效和提升农业生产管理水平等方面发挥了极为重要作用。从未来看，我国农业生产将由分散小田块、粗放型的传统种植业生产模式向规模化、集约化、信息化、机械化等为特征的精准农业生产模式跨越，农业遥感技术在创新转化及产业化方面也大有可为，应用前景十分广阔。

5. 什么是农作物病虫害监测预警？

农作物病虫害监测预警就是利用手持移动数据终端采集农作

物发病部位的图片或视频，然后利用构建好的农作物病虫害数据库判断该作物发病的种类和发病程度，并给出具体的防治措施。作物病虫害采集管理与远程诊断系统包括手持作物病虫害信息采集终端、作物病虫害采集软件和作物病虫害管理与远程诊断软件。

手持作物病虫害信息采集终端是一款轻巧高性能的作物病虫害专用移动数据终端，采用520MHz处理器和Windows Mobile 6.5的操作系统，高性能高可靠性的定位、图片、视频和业务采集处理工作，并通过GPRS（通用分组无线服务技术）的无线网络与后台服务器进行数据的实时传输，支持语音通话（图3-5）。

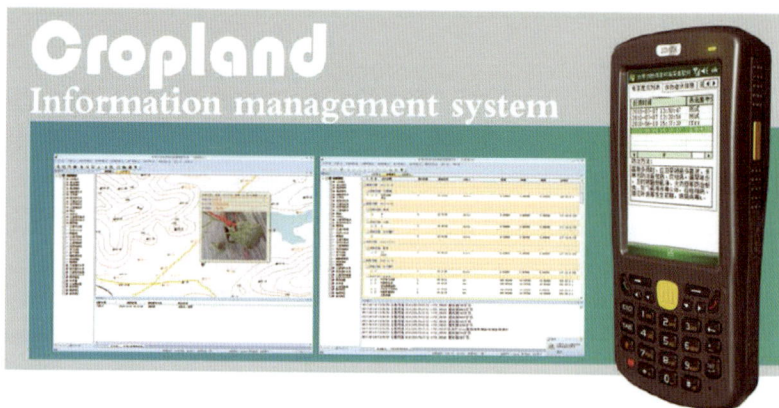

图3-5 手持作物病虫害信息采集终端

作物病虫害采集软件集成GPS、嵌入式GIS、无线通信和多媒体技术，能够方便地进行作物病虫害信息现场定位、拍照，支持用户自定义作物病虫害业务数据采集模板技术和采集数据的无线远程传输，显著提高农田作物病虫害信息采集管理的效率、精确性、直观性和科学性。

作物病虫害管理与远程诊断软件运用本地数据同步、数据远程接收、数据库存储和可扩展标记语言（XML）等技术，能实时接收采集终端上报的作物病虫害信息数据；支持对终端用户自定义数据采集模板的远程审核与上报，采用无线通信技术实现采集数据的实时接收、网络化上报和专家诊断意见反馈，为农业生产应用提供实时、动态和准确的作物病虫害诊断与处理信息。

6. 什么是农产品质量安全监控与追溯？

农产品质量安全是关系国计民生的大问题。毒大米和农药残留等主要是产地重金属污染，农药（包括植物生产调节剂等）不合理使用造成的农产品质量安全问题。农产品质量安全是指生产农产品的土壤、水体和大气等资源环境质量达到一定安全水平，生产出的农产品质量符合安全标准。

农产品质量安全监控涉及生产和经营管理多个环节。农产品质量安全监控管理系统是为企业管理农产品的生产过程、检测信息、农户信息、条码打印信息的管理软件，实现对农产品从产品定植到产品采收、包装的信息化管理，实现包括农产品定植、施肥、用药、灌溉、采收等一系列生产流程的信息化。同时，系统根据生产过程中所记录的农事操作，化肥农药用量以及产品产量等以图、表的方式进行统计，为农产品质量安全追溯平台提供有效的数据支持（图3-6）。

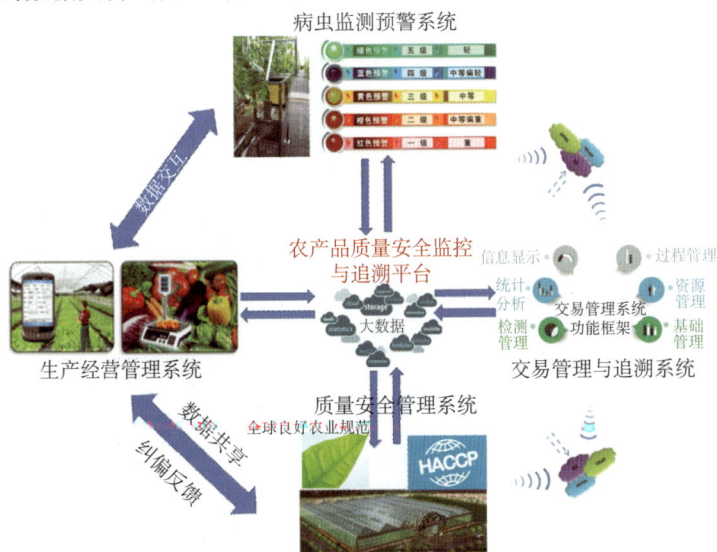

图3-6 农产品质量安全监控与追溯平台网络结构

农产品质量安全涉及多个环节和因素，问题成因较为复杂。由于缺乏系统缜密的农产品质量安全信息体系，农产品质量安全问题事件难以找出真正原因，农产品质量安全问题无法有效地解决。农产品质量安全监控管理系统，不仅能为农产品"产出来"和"管出来"提供有力的技术支撑，保障农产品生产链的质量，提高我国农产品的国际竞争力，而且能够促进农产品产地的健康和农业可持续发展。

7. 什么是水肥一体化？

水肥一体化技术是将灌溉与施肥融为一体的农业新技术。水肥一体化技术借助微灌系统，把肥料溶解在灌溉水中，以水为载体，由灌溉管道输送给田间作物，将含有可溶性化肥的水以较小流量均匀、准确地直接输送到作物根部附近的土壤表面或土层中的灌水施肥方法，可以把水和养分按照作物生长需求，定量、定时直接供给作物。水肥一体化主要优点是能够精确地控制灌水量和施肥量，显著地提高水肥利用率（图3-7）。

图3-7　温室多功能水肥一体化设备

8. 什么是智能节水灌溉?

智能节水灌溉是一个集智能技术、计算机技术、气象数据监测技术于一体,依据作物的需水规律、土壤的供水特征以及天气干旱程度,由计算机自动控制灌溉时间和灌溉水量,可以让不同的作物在不同季节、不同气候、不同生长期内始终处于最佳持水状态(图3-8)。

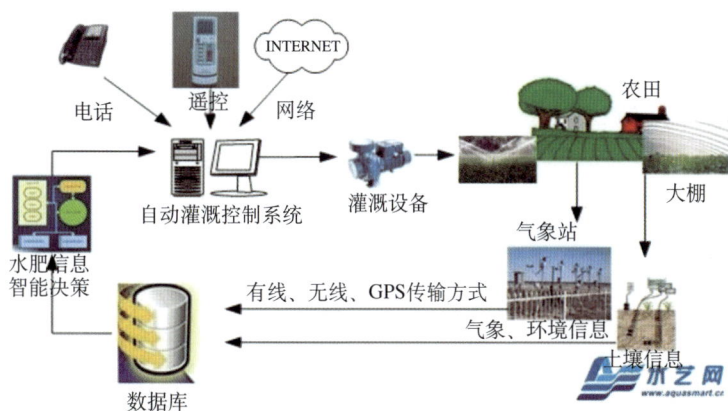

图3-8 智能节水灌溉原理示意

智能节水灌溉管理决策支持系统的研究、开发与推广、应用,将对我国缺水地区农业水资源的科学管理与优化调配提供科学的决策依据与决策方案。这对于普及、推广节水型灌溉农业,将会起到重大的推动作用。

9. 什么是测土配方施肥?

测土配方施肥是依照配方施肥技术原理,通过开展土壤测试和肥料田间试验,摸清土壤供肥能力、作物需肥规律和肥料效应状况,获得、校正配方施肥参数,建立不同作物、不同土壤类型的配方施肥模型。采取"测土—配方—配肥—供肥—施肥技术指导"一体化的综合服务技术路线,根据土壤测试结果和相关条件,应用配方施肥模型，结合专家经验，提出配方施肥推荐方案，由配肥站按照配方生产配方肥，直接供应农民施用，并提供施肥技术指导。同时，通过肥料质量检测手段，保证各种肥料的质量。通过一体化服务的技术路线，逐步实现技术推广的社会化和产业化，保证配方施肥的精度和到位率，提高配方施肥的普及率。应用该技术，与农民习惯性施肥相比，肥料利用率得以提高，肥料流失对环境的污染得到控制，农产品品质也有所提升（图3-9）。

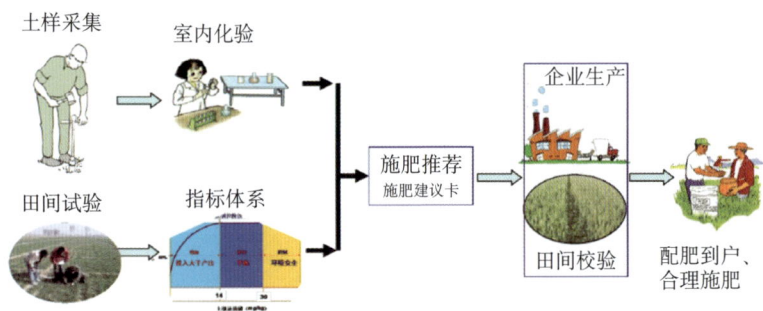

图3-9　测土配方施肥流程示意（源自中化化肥控股有限公司）

10. 什么是航空施药？

航空施药作业是在运载作业平台（飞行器）上挂接喷雾装备进行的空中作业（图3-10），不同运载作业平台的航空施药装备具

图3-10　无人机航空喷药作业

有不同的技术特点。目前,航空施药运载作业平台主要有3种:固定翼式轻型飞机、直升机和无人机,技术上也各具特色。

航空施药技术因具有许多地面装备没有的特殊优势,其在丘陵山区、连片大田和水田等地区的农业病虫草害防治以及灭蝗、卫生消杀等作业中发挥着不可替代的作用。

11. 什么是水稻种子智能催芽?

水稻种子智能催芽(图3-11和图3-12),针对浸种催芽不同阶段的温度、湿度、氧气需求,首先,建立高效节能的水箱、管路、阀门、喷淋及电热调配设备等基础设施,实现给排水的管路复用及全覆盖喷淋保温供氧。其次,构建现场智能化监控系统,实现箱内温、湿、氧波段式自动化管理。第三,在现场监控基础上,建立远程综合信息测控平台,实现虚拟现实联动控制及数据影音远程服务,从而提高水稻种子的发芽率、整齐度和健康程度,实现优质芽种规模化、标准化生产。

水稻种子智能化集中浸种催芽温室,可以解决水稻浸种、催芽生产过程中,机械化程度低、劳动强度大、生产标准不规范等问题,取得了较好的效果,水稻种子发芽整齐,发芽率达到96%以上,芽长均匀。

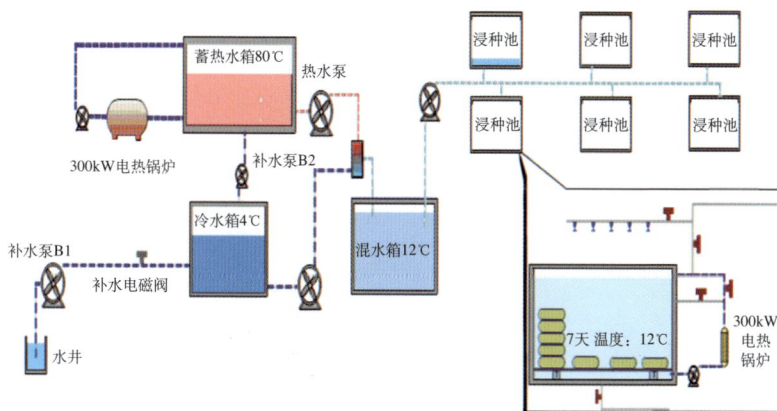

图3-11 智能催芽原理示意(北京农业信息技术研究中心)

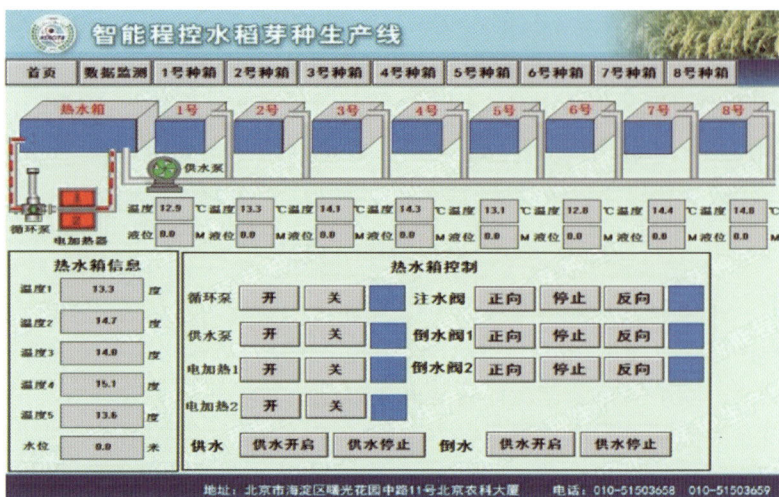

图3-12　智能催芽管理系统界面

12. 智能农机装备有哪些？

智能农机装备是指通过采用信息科学技术原理而具有智能行为的硬件设备或软硬件集成系统的总称。智能农机装备可全部替代或部分替代人完成特定复杂的目标任务，主要包括农业智能机具、农业智能仪器设备和基于硬件的农业智能系统。下面介绍在整地、播种、灌溉、施肥、喷药和收获等生产环节上的智能农机装备。

（1）激光平地机（图3-13）：激光控制平地技术是利用激光测量平面和用电子控制系统作为非视觉的控制手段，利用控制系

图3-13　激光平地机

统控制液压调节系统实现平地铲的自动升降，避免人工操作所造成的误差，达到农田精细平整的目的。针对农田土地不平整问题（最大高差可达50cm），适合使用激光平地设备，平整精度可达到±2cm，工作幅宽可选择2.5m或3.5m。

（2）精准播种监控系统（图3-14）：在播种机上配套精准播种监控系统，能够实现种管状态监测、排种轴转速测量、地速测量、作业面积测量等功能。该系统具有计量准确、灵敏度高、抗尘性好、扩展性强、安装简便等优点。

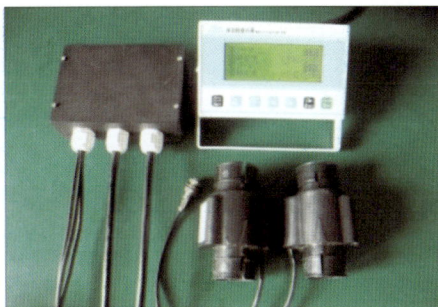

图3-14　精准播种监控系统

（3）播种GPS自动导航系统（图3-15）：播种GPS自动导航系统借助高精度定位传感器和自动控制技术，按照预设路径精准作业，田间直线作业精度达到厘米级，最大限度地降低了垄间作业的重叠和遗漏，提高了播种质量，同时有效减轻了驾驶人员劳动强度。

图3-15　播种GPS自动导航系统

（4）处方图精准施肥机（图3-16）：处方图精准施肥机可以根据施肥处方图进行智能精准施肥，采用液压技术精确控制排肥量大小，安装有亚米级高精度差分GPS（DGPS）和先进的测速雷达。该机可广泛应用于小麦、玉米等大田作物的精准施肥。

（5）中心支轴式喷灌机（图3-17）：中心支轴式喷灌机又称指针式喷灌机，是将喷灌机的转动支轴固定在灌溉面积中心的钢筋混凝土支座上，支轴座中心下端与井泵出水管或压力管相连，上

图3-16 处方图精准施肥机

图3-17 中心支轴式喷灌机

端通过旋转机构（集电环）与旋转弯管连接，通过桁架上的喷洒系统向作物喷水的一种节水增产灌溉机械。

（6）喷杆式变量施药机（图3-18）：喷杆式变量施药机适合于化学农药大面积高效喷洒地区使用。可以实现化学农药的高效变量喷洒，避免大面积喷洒化学农药过程中容易出现重喷及漏喷情况的发生，系统的防滴及防漂移结构可显著减少化学农药的漂移损失。该机可广泛应用于化学除草剂在作物出苗前和出苗后的变量喷洒，也适用于化学杀菌剂农药的高效喷洒。主要技术参数：喷洒幅宽16m，药液桶容积1 200L，农药喷雾控制阀5个，GPS的定位精度0.5 ~ 1m，喷雾视频检测系统标配4个监视头。

图3-18　喷杆式变量施药机

（7）小麦联合收获与智能测产系统（图3-19）：采用新型轴流滚筒，优化脱粒室设计，适应各种谷物脱粒分离，脱粒分离效果好，能有效降低粮食损失。配置的智能测产系统可以在收获机田间工作时，利用DGPS确定收获机位置，根据收获机的速度、割幅和谷物籽粒流量测出收获地块的产量，绘出产量分布图。

图3-19　小麦联合收获与智能测产系统

13. 什么是果蔬产品智能分级分选？

果蔬产品智能分级设备是以计算机视觉技术和多点称重传感为基础，充分利用光机电一体化的优势实现对果蔬大小、颜色、形状、纹理、缺陷或重量等多个指标进行智能化实时检测，并自动分级（图3-20和图3-21）。椭球形果蔬产品在分级设备上具有通

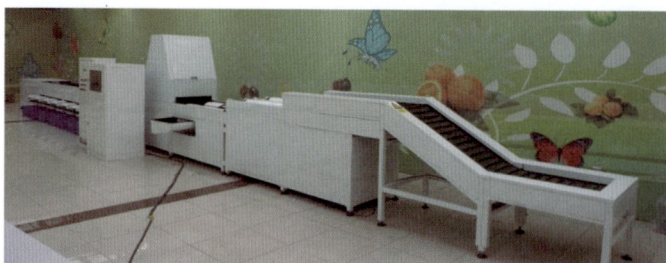

图3-20 果疏产品分级设备

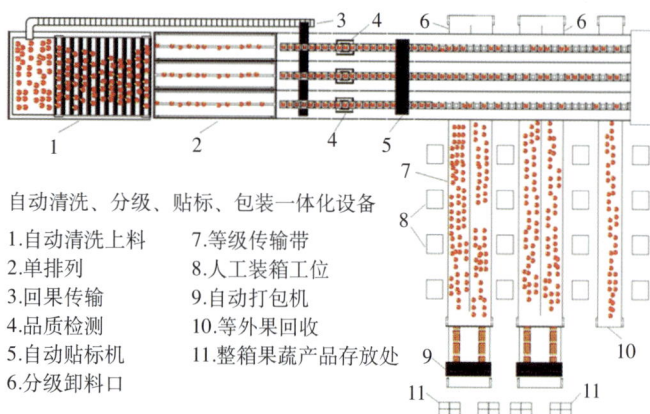

自动清洗、分级、贴标、包装一体化设备

1.自动清洗上料   7.等级传输带
2.单排列   8.人工装箱工位
3.回果传输   9.自动打包机
4.品质检测   10.等外果回收
5.自动贴标机   11.整箱果蔬产品存放处
6.分级卸料口

图3-21 果疏产品分级设备示意

用性，只需安装相应软件即可扩展分选品种。具有单/双通道并行作业，分级精度高、窜果率低、效率高、整体成本低等特点。

果蔬产品智能分级分选能够保证产品的规格和质量，降低加工过程中的损耗率，实现生产的连续化和自动，最终提高果品的质量及附加值，增强市场竞争力。

14. 什么是嫁接机器人？

嫁接机器人技术是集机械、自动控制与设施园艺技术于一体的高新技术，它可在极短的时间内，将茎秆直径仅为几毫米的砧木、穗木切成合乎要求的切口，并将两者的切口快速、准确地结合到一起，使嫁接速度大幅提高。同时，由于砧木、穗木接合迅速，避免了切口长时间氧化和苗内液体的流失，从而可大大提高幼苗嫁接成活率。因此，自动嫁接被称为嫁接育苗的革命性技术。

蔬菜嫁接机器人（图3-22）采用计算机控制，嫁接时只需把砧木和穗木放到相应的供苗台上即可；其他嫁接作业如砧木生长点切除、穗木切苗、砧木穗木的接合、固定以及排苗等，均由机器自动完成，非常适合于黄瓜、西瓜、甜瓜等瓜菜苗的自动化嫁接。蔬菜嫁接机器人设计精巧、结构简单、操作方便、体积小、重量轻、移动快，可大大提高嫁接效率和成活率，降低劳动强度，促进果蔬生产规模化、产业化。

图3-22 嫁接机器人

*15.*什么是植物工厂？

植物工厂是一种高度专业化、现代化的设施农业，是继露天的地面栽培、设施栽培、水耕栽培之后出现的新型替代农业之一，它完全摆脱了大田生产条件下自然条件和气候的制约，应用现代化先进技术设备，完全由人工控制环境条件，全年均衡供应农产品。这种基于新型光源的植物工厂与常见的人工大棚种植意义不同，一切工作全部交给了计算机智能管理系统，让作物生长获得最适宜的环境条件。在植物工厂控制室的计算机显示屏上，各种数据清晰明了，可以显示出室内各生长单元的环境数据（图3-23）。

图3-23　植物工厂

植物工厂是通过设施内高精度环境控制实现农作物周年连续生产的系统，利用计算机对植物生育的温度、湿度、光照度、二氧化碳浓度以及营养液等环境条件进行自动控制，使设施内植物生育不受或很少受自然条件制约的省力型生产。植物工厂依托于设施园艺、建筑工程、环境控制、材料科学、生物技术、信息学和计算机（网络通信、人工智能、模拟与控制）等学科，是知识与技术密集的集约型农业生产方式。

关于植物工厂的分类，所持角度不同，划分方式也不同。从建设规模上可分为大型（$1\,000\text{m}^2$以上）、中型（$300\sim1\,000\text{m}^2$）和小型（300m^2以下）3种。从生产功能上可分为种苗植物工厂和商品菜（果、花）植物工厂。从其研究对象的层次上又可分为，以研究植物体为主的植物工厂，以研究植物组织为主的组织培养植物工厂，以研究植物细胞为主的细胞培养植物工厂。目前，比较习惯的分类方式是按照植物生长中最重要的条件之一——光能的利用方式来划分，共有3种类型，即太阳光利用型、人工光利用型、太阳光和人工光并用型。其中，狭义的植物工厂是指人工光利用型,而广义的植物工厂则包括了这3种类型。植物工厂的广义定义包含了广大范围的生产设施,半自动控制的温室水耕(水培)系统,种苗繁殖系统或人工种子生产等的生产系统。如上所述,植物工厂3种类型的共同特征是:有固定的设施,利用计算机和多种传感装置实行自动化、半自动化控制,采用营养液栽培技术,产品的数量和质量大幅提高。

◆ 参考文献

陈海中,张友华,刘家成,等.安徽省农作物病虫监测预警平台的研制[J].中国植保导刊,2013(11):54-58.

地理信息系统在农业领域的应用[EB/OL].(2013-02-05)[2015-07-05].http://www.moa.gov.cn/fwllm/xxhjs/xxjsdjt/201302/t20130205_3215802.htm.

高祥照,曲仁国,2008.测土配方施肥技术[J].农业知识(17):23.

龚艳,傅锡敏,2008.现代农业中的航空施药技术[J].农业装备技术(6):26-29.

何勇,赵春江,2010.精细农业[M].杭州:浙江大学出版.

雷伟伟,张锋,王元波,2008.GPS技术在现代精准农业中的应用研究[J].农技服务(3):113-115.

李瑾,赵春江,秦向阳,等,2011.现代农业智能装备应用现状和需求分析[J].中国农学通报,27(30):290-296.

李军,2010.农业信息技术[M].北京:科学技术出版社.

李琳,2006.农业节水的"智能管家"[N].莱芜日报,2006-04-12(001).

李涛,2011.水肥一体化技术[J].农业知识(23):27.

李学侬,2015.航空施药发展空间巨大[N].中国农机化导报,2015-11-23(002).

李玉平,2006.节水灌溉智能决策与管理专家系统研究[D/OL].杨凌:西北农林科技大学.

李中元,吴炳方,GOMMES René,等,2015.农情遥感监测云服务平台建设框架[J].遥感学报(4):578-585.

刘淑云,谷卫刚,朱建华,2010.基于遥感数据的冬小麦农情监测研究进展[J].农业网络信息(2):5-9+18.

刘晓洁,杨剑坤,2011.植物工厂数字农业的革命[J].文明(3):28-49.

刘友林,熊艳,赵禹,等,2015.水肥一体化技术[J].致富天地(12):42-45.

陆欣欣,2012.全面加强农产品质量安全监测管理[J].农业知识(32):6-7.

蒙继华,吴炳方,李强子,等,2011.集成化的省级农情遥感监测系统[J].农业工程学报（6）:169-175.

任艳军,2013.寒地水稻智能程控浸种催芽关键技术[J].北方水稻（6）:52-53.

王耀华,王航,刘双,等,2011.节水智能系统设计[J].品牌（理论月刊),12:140-141.

吴炳方,2000.全国农情监测与估产的运行化遥感方法[J].地理学报（1):25-35.

杨邦杰,裴志远,张松岭,2001.基于3S技术的国家级农情监测系统（英文）[J].农业工程学报（1）:154-158.

杨其长,魏灵玲,刘文科,等,2012.植物工厂系统与实践[M],北京：化学工业出版社.

杨晓霞,廖家富,李祥洲,等,2015.产地农产品质量安全信息体系的构建及应用研究——以“三品一标”为例[J].农产品质量与安全（3):16-19.

张东彦,兰玉彬,陈立平,等,2014.中国农业航空施药技术研究进展与展望[J].农业机械学报（10）:53-59.

赵静峰,李艳霞,权明伟,2012.水肥一体化应用技术要点剖析[J].科技致富向导（8):308.

赵春江,2009.农业智能系统[M].北京:科学技术出版社.

邹金秋,2012.农情监测数据获取及管理技术研究[D].北京：中国农业科学院.

邹金秋,周清波,陈仲新,等,2010.农情遥感监测与服务系统集成研究[J].中国农业资源与区划（5):12-17.

第四章
"互联网+"现代林业

1. 什么是林地测土配方系统?

　　林地测土配方就是根据林地土壤的种类、物理化学特性、肥力状况为林农造林选择树种和合理施肥提供科学依据,帮助林农科学造林,提高生产效率。

　　林地测土配方系统(图4-1)就是通过构建林地海拔高度级、坡位、坡度级、坡向、母质母岩类别、土层厚度等级和土壤养分等土壤数据库,以及林木种类和分布的数据,依据林地特性和林木生长发育规律,进行选择与配置和管理适生树种的系统,提高了造林成活率、林地生产力,促进了林木生产管理效率的提升。

图4-1　湖南林地测图配方信息系统

林地测土配方系统能够显著提高林木生产管理效率，主要表现在以下方面：①为科学决策提供依据，特别是为制定林业的中、长期规划提供了较准确的一手资料。②科学指导林农合理造林，林地测土配方基础数据核查落实到了山头地块，真正为林农在选择树种时不走或少走弯路服务，不仅能最大限度地发挥林地效能，而且林农能最大限度地得到实惠。③配置适生树种，辅以土壤营养诊断等配套措施。④减少了规划、设计和成林管护的盲目、被动性，改善林地生产力状况。该系统有利于发掘林地潜力、减少肥料浪费、减轻土壤肥害、降低生产成本和提高营林效率。

2. 什么是林权一卡通系统？

林权一卡通，把林改数字化信息系统和农村信用合作社联网，实现林权信息共享、评估、抵押、金融服务等"一卡通"目标，林业部门可以将公益林补偿、造林补贴、退耕还林补助等惠林资金通过"信合通林权卡"发放到农户手中。农村信用合作社将在各营业网点开展小额信用贷款、农户联保贷款等小额林农贷款业务，优化审贷程序，简化审批手续，扶持林农营造生态林、经济林，发展林下经济。同时，对造林大户、合作社、家庭林场、林业企业等进行林权抵押贷款，推进造林绿化和林业产业发展（图4-2）。

图4-2　林权一卡通系统

3. 什么是林产品电子商务平台？

林产品电子商务平台以林产品为基础，吸纳国内外林产品生产、贸易、采购、加工企业及下游产品企业参与，可推动林产品公平、规范、透明、快捷地实现交易，有助于打造林产品市场诚信体系，加快产业发展，减少流通环节，降低产品交易成本，形成规范有序的林产品市场秩序，促进林业可持续发展，提高林产品国际竞争力。

林产品电子商务平台在供需双方充当中立者角色。可按需供应、随需采购，交易环节大幅减少，购销过程中的风险和成本进一步降低，买卖双方借此平台可直接签订电子交易合同。林产品电子商务平台的有效运作，可使林产品价格得到理性回归，促使林产品行业健康发展。同时，作为扩展功能，林产品电子商务平台还可提供交易、信息、质检、运输、保险、结算等第三方中介服务，为交易双方提供更多便利。

林产品电子交易的优越性在于：①信息公开。来自不同区域的林产品集中交易，可实现商品信息的公开透明。通过集中交易所形成的价格信息更具权威性和代表性，易于形成行业指导价格，影响现货行情。②交易公平。不同品牌的林产品在同一平台按价格、质量优先、时间优先顺序交易，歧视得以消除。③买卖公正。买卖双方，无论是规则还是操作，按照同一标准执行，可增强交易双方的信心。④简捷方便。超越地域限制，短时间内可实现远距离交易，避免了传统现货交易的烦琐不便，可大大节约时间成本。

4. 信息技术如何促进传统林业改革？

现代信息技术在林业中的应用，极大地推动了林业的进步和发展，是实现林业现代化建设的基础和重要标志。信息技术对传统林业改革主要表现在林业生产、经营和管理，战略决策过程中自然、经济和社会信息的收集、存储、传输、处理、分析和使用（图4-3）。

图4-3 林地环境监测设备

目前，信息技术对林业的改革主要体现在以下方面：①信息技术实现了林业的办公自动化。根据林业信息化"十一五"规划的核心内容，全国林业政务信息"三网一库"（即内部局域网、电子政务网、互联网和档案信息资源数据库）建设的要求，利用网络技术构建了国家林业局门户网站和各种业务资源管理信息系统，提出了林业信息数据库的建设方案，实现了人员、树种和野生动物数据收集、存储、传输、处理、分析和使用、发布，基本完成无纸化办公。②提升了林业管理精度。各级林业部门在调查使用遥感、导航、无人机、地面近景摄影、三维激光扫描、电子角规、GPS定位技术，并通过GIS属性数据和空间数据管理，完成森林资源的档案管理和林业专题地图的生产；预测的森林防火GIS的空间分析功能，实现火灾位置查询和森林火灾模拟，并计算火灾的最佳时间路线，制订科学合理的救火计划；在造林地块和造林方式上利用GIS将坡度图、坡向图、土壤图、高程分带图和森林区划图进行叠加作为立地分析的复合因子图，进行适地适树的分析，实现林业精准管理。③优化了森林资源规划。发达省份林业部门根据森林资源管理的基础信息、造林专家知识库、决策支持模型库，建立了数字地图的造林决策，获得造林计划，优化了森林资源管理和规划。

5. 什么是森林碳汇交易平台？

碳排放交易已经成为全球公认的解决环境问题的重要手段。把二氧化碳排放权作为一种商品，从而形成了二氧化碳排放权的交易，简称碳交易。森林生态系统在减缓气候变暖中扮演着极其重要的角色，森林碳汇是指通过植树造林、加强管理，减少毁林、保护和恢复森林植被，增加吸收和固定大气中的二氧化碳。森林碳汇按照碳交易相关规定可以抵减一定量的碳排放。

森林碳汇交易平台是互联网技术搭建碳交易信息平台，借助市场途径合理配置二氧化碳排放权（图4-4）。不能按期实现减排目标的国家或企业，以及拥有森林碳汇的单位或个人，分别通过平台获得碳排放权和相应的经济补偿。通过森林碳汇交易平台，不但能减少大气中二氧化碳的含量，而且还较好地保护森林资源，减少水土流失，有效地促进经济和社会的协调发展。

图4-4 中国森林碳汇交易平台

资料来源：http://www.zglyth.com/。

6. 信息技术在林业生态补偿中能发挥什么作用？

通过遥感技术监测并测算出大区域范围内森林生物量、森林覆盖率的变化，结合生态服务价值测算方法，进而可以方便快捷地测算森林碳汇、固碳释氧等生态补偿重要指标的变化；利用 GIS 和 GPS 技术，可以掌握森林空间分布状况，结合遥感技术监测结果，能够便捷地掌握哪些地区森林面积增加了，哪些地区减少了，以及增减量，不但能够实现森林信息化管理，还可以为森林生态补偿合理分配提供有效的数据支持。

◆ 参考文献

邓瑞雄，邱劲柏，俞一见，等，2012. 湖南省林地测土配方信息系统在蓝山县的推广应用 [J]. 湖南林业科技（2）：75-78.

段学清，2014. 信息技术对林业的影响 [J]. 生物技术世界（8）：22.

范朝阳，2008. 中国林产品贸易电子商务平台之研究 [D]. 北京：北京林业大学.

方陆明，徐爱俊，楼雄伟，2013. 林权一卡通系统研究与实践 [M]. 北京：中国水利水电出版社.

郭慧敏，2016. 区域森林生态建设贡献及补偿方法研究 [D]. 北京：北京林业大学.

何乾峰，王晓明，2013. 湖南省林地测土配方信息系统应用——以江华县林地土壤及造林树种为例 [J]. 湖南林业科技（2）：40-43.

刘礼芳，魏海林，谭著明，2010. 建立林产品电子商务平台的构想 [J]. 湖南林业科技（4）：100-102.

毛欣雨，2014. 林业行业电子商务平台建设研究 [D]. 长春：吉林大学.

吴全宇，2008. 菏泽打造林产品交易平台 [J]. 中国林业产业（1）：58-59.

谢品福，伍小元，李民锋，等，2016. 祁东县林地测土配方信息系统的推广与应用 [J]. 林业与生态（4）：34-37.

闫秀婧，汪浩然，2008. 信息技术对我国林业发展的影响 [J]. 农业科技与信息（10）：25-26.

张雄，2010. 建立碳交易平台和低碳认证体系 [J]. 建设科技（4）：34-35.

第五章
"互联网+" 现代畜牧业

1. 什么是养殖场环境智能监控系统?

　　畜禽养殖场环境智能监控系统是指利用物联网技术,围绕畜禽养殖的生产和管理环节,通过智能传感器在线采集养殖场环境信息(二氧化碳、氨、硫化氢、空气温湿度、光照度、气压、噪声、粉尘、视频等),同时集成改造现有的养殖场环境控制设备、饲料投喂控制设备等,实现畜禽养殖场的智能生产与科学管理(图5-1)。养殖户可以通过手机、个人数字助理(PDA)、计算机

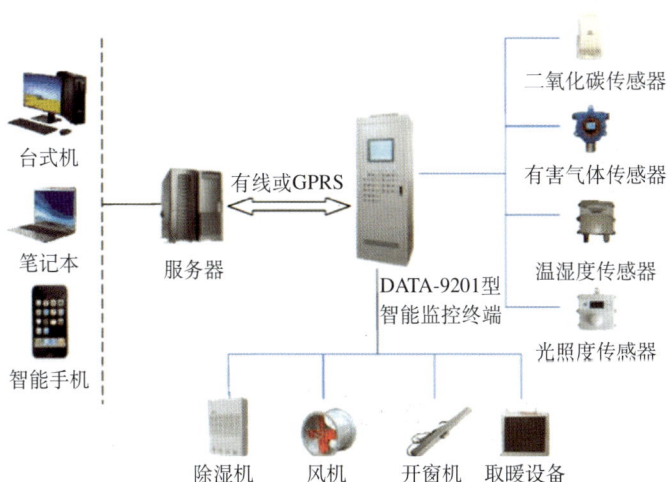

图5-1　养殖场环境智能监控系统框架

等信息终端，实时掌握养殖场环境信息，及时获取异常报警信息，并可以根据监测结果，远程控制相应设备，对畜禽养殖场智能监测、科学管理，实现健康养殖、节能降耗的目标。

根据养殖场养殖模式的不同，环境智能监控系统可分为封闭式和开放式两种。养殖场的形式主要分为封闭式和开放式，封闭式养殖场主要用于饲养蛋鸡、肉鸡等小型禽类，开放式养殖场主要用于饲养奶牛、羊等大型牲畜。由于小型禽类对环境变化非常敏感，应激反应比较明显，严重的可能会出现死亡，而大型牲畜本身对一些环境因素的耐受性比较强，所以应激反应就比较小（白云峰等，2007）。因此，对不同形式的养殖场，环境控制要求也不一样，封闭式养殖场需控制的环境参数比开放式养殖场多，对环境的控制要求也比较高。

养殖场环境智能监控系统（图5-2）一般包括环境信息智能采集系统、环境自动调控系统和智能养殖管理平台。环境信息智能采集系统是在养殖场内布设传感器等设备，实现养殖舍内环境（包括二氧化碳、氨、硫化氢、空气温湿度、光照度、气压、噪声、粉尘、视频等）信号的自动检测、传输、接收；环境自动调控系统主要是实现养殖舍内环境（包括光照度、温度、湿度等）

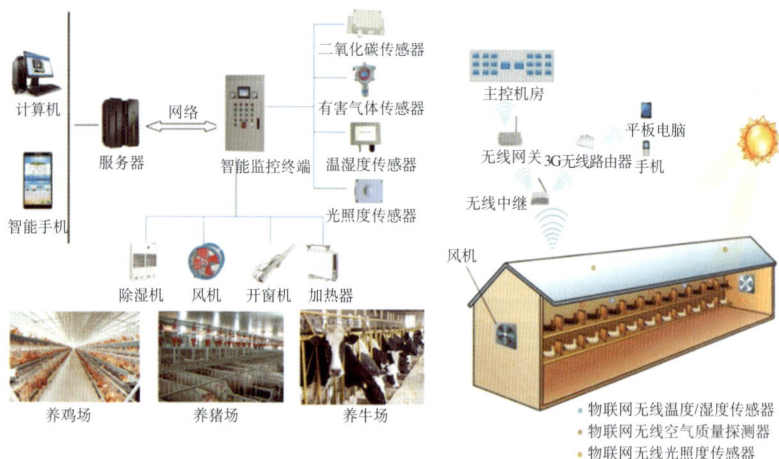

图5-2　养殖场环境智能监控系统

的集中、远程、联动控制；智能养殖管理平台主要是实现对采集自养殖舍的各路信息的存储、分析、管理，提供阈值设置，智能分析、检索、告警功能，以及驱动养殖场环境控制系统。

养殖场环境智能监控系统通过多种环境传感器，实时采集养殖场内外的温度、湿度、光照度、二氧化碳浓度、营养液浓度等信息，并基于环境模型上的监督控制和专家系统上的人工智能控制等实现多种硬件设备的自动控制和智能管理，可显著地减少劳动力的投入，提高作业效率。在我国的畜禽养殖业中，轴流风机、降温湿帘和日光灯等环境调控设备因具有良好的调控效果，已经被广泛地使用，但目前养殖场环境调控设备的控制方式大多还是依靠管理人员的操作经验，采用人工和机电相结合的简单控制方式，缺乏系统的控制方法，自动化水平较低，无法满足养殖业规模化发展的需要（李道亮，2012）。近年来，随着规模化养殖的发展，专家学者已逐渐开始研究关于养殖场环境自动控制技术，利用计算机、单片机、无线传感器技术以及现代控制算法等方式来构建环境智能监控系统，实现养殖场环境的自动控制。近年来，养殖场环境智能监控系统越来越得到广泛的应用，系统的自动化、智能化和无人化将是未来养殖场发展的必然趋势。

2. 什么是养殖个体体征智能监测系统？

养殖个体体征智能监测系统，是指利用视频监控、传感器、红外线等技术，围绕养殖的奶牛、母猪、蛋鸡等个体的发情信息、分娩信息、行为信息、体重信息和健康信息等个体体征信息，分析动物的生理、心理和健康状况，实现福利养殖和肉品溯源。动物健康包含生理健康和情绪健康两种类型。生理健康的监测主要是针对动物疾病状况，而情绪健康监测则关注动物的福利状况。通过无线遥测系统，可以快速获取动物体温、饮食状况和疾病发生状况等信息，实现养殖场动物健康的实时、快速监测。

在饲养规模较大、饲养水平较高、个体生产能力较高的养殖场，对畜禽进行人工识别的难度较大，很难满足现代化畜牧管理的要求。无线射频技术作为一种非接触式的快速识别技术，可用于规模化养殖场畜禽群体的生长水平和个体生长状态的监测，其一般由电子标签和识别设备两部分组成，可用在养殖的多个环节。图5-3为奶牛监测系统结构。

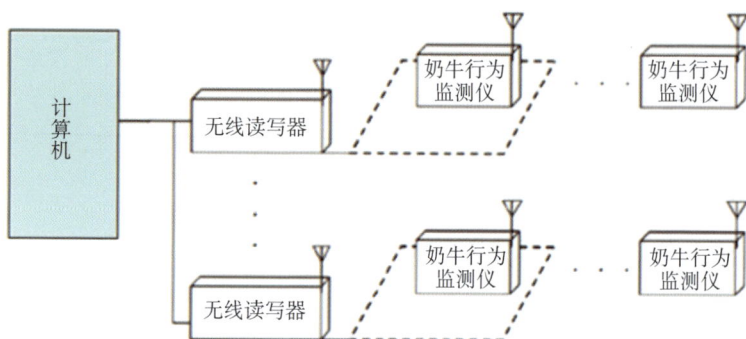

图5-3　奶牛监测系统结构

发情监测是畜牧养殖生产中非常重要的环节，准确地监测发情，能够提高配种成功率，提高生产效率。以奶牛（图5-4）为例，生产实践中的发情检测主要依靠人工检测，如人工观察法、阴道检查法和直肠检查法，这种方法需要投入大量的人力资源，且技术要求高，检出率低。奶牛发情监测目前主要利用视频、计步器、运动传感器等电子设备监测奶牛的活动量、静卧时间、体

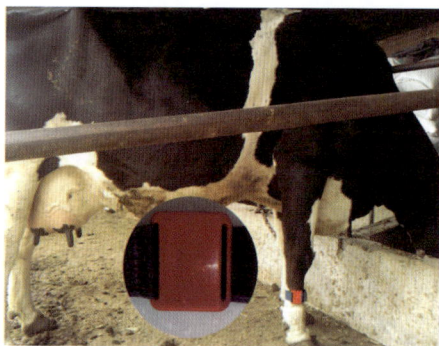

图5-4　奶牛发情监测系统运动传感器

温以及是否有一条腿高于其他腿情况等，智能地判断奶牛是否发情（沈明霞等，2014）。

分娩监测主要应用于母猪分娩，准确、实时地检测母猪分娩对实现母猪自动化养殖意义重大。传统的对母猪分娩时间的预

测主要依靠饲养员对预产期前后母猪的连续观察。主要观察母猪分娩前的行为体征变化，包括腹部下垂、乳大汁多、阴户潮红肿大、尿频粪干、衔草筑窝、躁动不安、食欲减退、羊水破包等特征。工作人员劳动繁重，工作效率低，容易出现因疏忽而造成仔猪死亡，人畜共患病的发生概率增大（沈明霞等，2014；江希流等，2007）。母猪分娩监测主要是利用运动传感器、热红外传感器等，通过监测母猪筑窝行为和体温变化来自动判断母猪分娩时间。

动物行为是评价动物福利的重要指标之一，以蛋鸡行为监测为例。蛋鸡行为监测主要是利用图像处理技术、音视频技术自动识别鸡的行为和叫声特征，从而监测鸡的健康和福利情况。

动物体重是畜禽养殖所关注的主要生长指标之一，是反映动物生长发育、生产性能的综合性指标。体重测量主要有实测法和估测法。传统的动物体重测量方法主要是采用体重箱、电子秤或地磅等仪器直接称量，耗时费力，且使动物产生较大的应激反应。动物体重的智能监测主要是利用动物体重与体尺之间存在相关性，通过构建数学模型，实现通过动物体尺对体重的估测。

将传感器和计算机相结合用于对动物的个体识别从而实现对个体活动的随时监控，将个体识别系统同其他信息技术结合，产生了自动体重、产奶量、个体采食量、发情监测等系统，这些系统不仅大大减少了劳动量，也使动物的生产性能测定更精确，有助于管理人员改进管理措施，提高动物养殖的经济效益。

3. 什么是耳标？

耳标是牲畜可被识别的"电子身份证"，多加施于牲畜的耳部（图5-5），承载牲畜标识及疫病可追溯体系的基本信息，贯穿牲畜从出生到屠宰历经的防疫、检疫、监督等环节，可以实现畜产品"生产有记录、信息可查询、流向可追踪、质量可追溯"（陆昌华等，2007）。

耳标由主标和辅标两部分组成，主标包括主标耳标面、耳标颈和耳标头，辅标包括辅标耳标面和耳标锁扣（汪秀川，2008）。

图5-5　牲畜耳标佩戴场景

主标耳标面的背面与耳标颈相连，正面登载编码信息；耳标颈是连接主标耳标面和耳标头的部分，固定时穿透牲畜耳部并留在穿孔内；耳标头是位于耳标颈顶端的锥形体，用于穿透牲畜耳部、嵌入辅标、固定耳标。辅标耳标面与主标耳标面相对应，耳标锁扣位于辅标耳标面背面圆柱状突起内部，与耳标头相扣，在锁孔作用下，起固定耳标的作用。

目前，我国采用的耳标主要包括二维码耳标和电子耳标。二维码耳标利用激光在耳标面蚀刻编码信息，成本较低，易读取，但受打印技术的限制，这种在塑料表面直接生成的二维码图像不规则，光学反差较低，当耳标表面有污渍或使用时间较长时，条码识读会有困难。电子耳标应用RFID（射频识别）技术，内置芯片和天线，编码信息存储于芯片内（刘娟等，2010）。由于RFID具有非接触、远距离、自动识别移动物体、可读可写等特性，一些自动化计量、测量功能以及定量系统在畜牧业中得以推广使用。目前，牲畜自动称重管理系统、产奶自动计量管理系统等多种牲畜饲养和管理系统都是以电子耳标的使用为前提和基础的（毛振宇，2015）。

耳标的应用对于提高畜禽生产管理效率、提升疫病防治水平、保障食品安全都具有重要意义。利用耳标实现牲畜从出生→屠宰→销售→消费者→最终消费端的整个过程的监控，有利于加强动物疫病的预防控制，提高养殖场的现代管理水平，增强国家对畜牧业生产的安全监管。其功能具体包括：①电子耳标可以将每个牲畜的耳号与其品种、来源、生产性能、免疫状况、健康状况、养殖场（户）主等信息一并管理起来，一旦发生疫情和畜产品质量等问题，即可追踪（追溯）其来源，分清责任，堵塞漏洞，从而实现畜牧业养殖的精准预防控制和追溯。②电子耳标是规模化畜禽养殖管理的重要工具，通过对牲畜个体分配带有唯一编码的标识可实现养殖场对畜禽的精准管理，利用手持机进行读写耳标承载信息的方式可实现对牲畜个体的用料、免疫、疾病、死亡、称重、用药和出栏记录等日常信息管理，提高畜牧业管理水平。③鉴于牲畜耳标的唯一性，可以实现畜禽整个生产过程全部信息的追踪，有利于打击售卖病死畜禽的违法行为，加强国家监管机构对畜产品质量安全的监管，确保民众食用到健康的肉类。

4. 如何用信息技术实现畜禽精细饲喂？

运用信息技术实现精细饲喂是指基于多传感器采集的养殖环境和个体特征信息，通过计算机决策支持系统控制对畜禽的自动饲喂的过程。基于畜禽个体编号自动识别，对个体的年龄、泌乳期、产奶量、体重和发情状况实时监测，根据畜禽的生长周期、个体重量、进食周期、食量以及进食情况等信息对畜禽的饲料喂养时间、进食量进行科学的优化控制，并通过饲喂系统进行精细投料，从而提高畜禽的精细化管理水平，减少饲料浪费，降低生产成本。

畜禽精细饲喂的关键是根据畜禽个体营养需求的差异，针对性地进行精细饲喂，而实现精细饲喂的关键在于精细饲喂系统（图5-6）。畜禽精细饲喂系统包括个体特征识别、系统智能计算和自动投喂饲料3部分，个体特征识别是指通过环境和生理传感器获取畜禽个体的环境信息和生长状态；系统智能计算是指利用计算机对采集的畜禽个体特征信息结合各生长阶段所需营养进行智能化处理，得到最佳饲喂量；自动投喂饲料是指在接收计算机指令后，准确、自动地完成饲料的投喂（陈晓华，2012）。

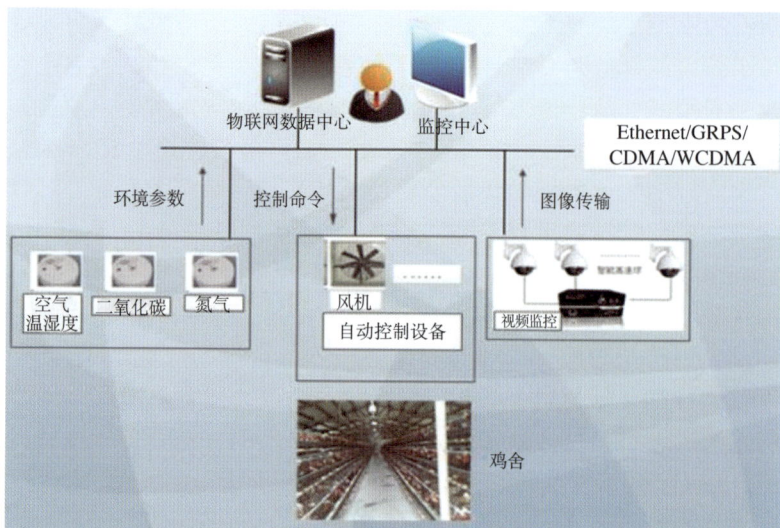

图5-6 畜禽养殖系统结构框架

　　以奶牛精细饲喂系统为例，根据所处环境的不同，奶牛精细饲喂系统可分为挤奶厅饲喂和运动场补喂两种方式。在挤奶厅，所有奶牛定量供给饲料；而在运动场，计算机决策支持系统会根据奶牛个体的年龄、泌乳期、妊娠时间、产奶量和气温等因素确定最佳给料量。全自动给料设备通过输送设备安装连接到储藏仓或粉料房内，根据传感器计量进行数字化操作和控制，实现自动给料器的精准控制（图5-7）。

图5-7 奶牛精细饲喂系统

6. 如何用信息技术开展畜禽疫病预警?

基于信息技术的畜禽疫病预警系统(图5-8)主要是对畜禽养殖领域疫病防控知识进行系统分析和收集整理,在对气候环境、养殖环境、病源与畜禽疾病发生关系研究的基础上,建立畜禽疾病诊治模型、畜禽疫病预警模型和专家会诊系统的调度专家算法,确定各类病因预警指标及其对疾病发生的可能程度;根据多病因、多疾病的畜禽疾病发生与传播机理(李道亮等,2010),提出基

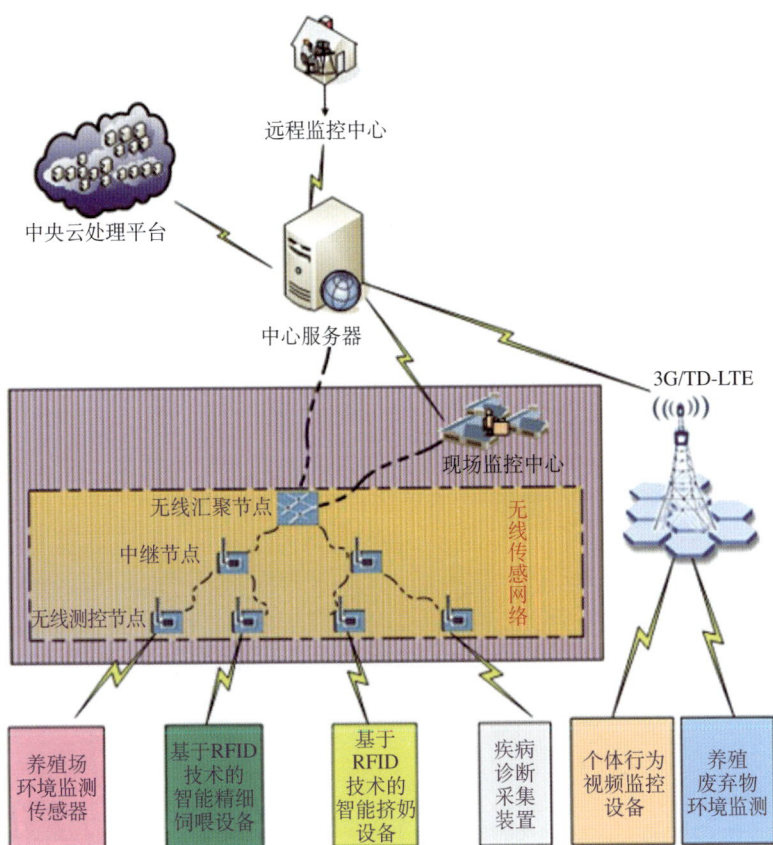

图5-8 畜禽疫病预警系统框架

于视频的畜禽疾病远程诊断方法，为畜禽疾病诊治提供科学的在线诊断和预警方法，实现畜禽疾病精确预防、预警、诊治。基于远程传感技术、视频与图像识别技术建立畜禽体征智能监测系统（熊本海等，2009）。通过在畜禽个体上置入电子芯片、远程测温、视频与图像自动识别等技术手段，实时监测畜禽个体的体征信息和行为信息，以及时发现畜禽健康问题（陆昌华等，2009）。研发畜禽疫病预警系统，实现疫病早发现、早预警，以控制各种传染病的蔓延。畜禽疫病预警系统主要包括疾病信息管理、疾病档案管理、疾病诊断控制和疫病预警4部分内容。

（1）疾病信息管理：通过RFID技术，识别畜禽个体特征信息，结合多个畜禽生理传感器，自动或手动记录疾病发生情况，及时隔离传染源，避免养殖场畜禽的大规模染病。

（2）疾病档案管理：建立健全畜禽的疾病档案管理，维护好畜禽常见疾病，并实现生病畜禽的疾病管理以及用药治疗等全程的电子化信息管理。

（3）疾病诊断控制：采用人工智能、移动互联网等现代信息技术，构建畜禽疾病诊断的网络模型，结合畜禽生理传感器及视频监控系统获取的信息，确定畜禽发生疾病的可能性，并进行针对性的治疗及种群预警；建立健全检疫检验档案，实现对畜禽生命周期的疫苗接种和用药情况的全记录。主要包括检疫免疫信息管理、检疫免疫档案管理以及检疫免疫接种疫苗和用药管理。

（4）疫病预警：通过对畜禽疾病的流行病学、应用数学、预警科学等跨学科研究的基础上，分析畜禽疾病的特点。在分析畜禽疾病的产生、流行规律及其分布特征基础上，确定疾病监测指标及其获取方法、预警模型，为畜禽养殖提供一个有效的疫病预警信息平台。

6. 什么是网络联合选育系统？

网络联合选育系统是指通过建立统一的育种信息资源数据库，记录畜禽的家谱信息和繁殖信息，通过计算机网络，实现信息共享和定期对养殖场育种数据的分析处理，采用多性状动物模型BLUP法估计个体育种值，评定个体的种用价值和养殖场的生产管理水平，评定结果将通过计算机网络传送到养殖场，逐步建立以养殖场内测定为主的遗传评估体系和良种登记簿，为全国畜禽联合育种奠定基础。通过网络联合选育系统，可提高养殖水平，降低生产成本，最大限度地利用良种资源，提高产品质量及标准化生产程度，促进环境保护与可持续发展。

畜禽育种信息资源数据库包括畜禽的个体特征数据、繁殖与育种数据、免疫记录、饲料与兽药的使用记录等，其主要功能包括对畜禽结构、核心群种畜进行历史配种、产仔和断奶性能的分析统计，对各种繁殖状态和周期性参数的可视化分析，尤其包括对繁殖期畜禽的精细饲喂，通过对畜禽育种个体进行信息化管理，将会提高畜禽繁殖的繁殖效率和服务年限，降低畜禽养殖和生产的成本，提高畜禽成活率。同时，畜禽数字化管理为畜禽溯源系统提供了数据基础（李道亮，2012）。

网络联合选育系统主要运用传感器技术、预测优化模型技术、射频识别（RFID）技术，根据基因优化原理，在畜禽繁育中，进行科学选配、优化育种，科学监测母畜禽发情周期，从而提高种畜禽和母畜禽繁殖效率，缩短出栏周期，减少繁殖畜禽饲养量，进而降低生产成本和饲料用量。同时，以RFID标签，智能选取畜禽良种，并有针对性地实施科学管理，推动全国性的联合育种。

7. 如何用信息技术保障畜禽产品质量安全？

基于信息技术的畜禽产品质量安全管理系统，连接生产、加工、检验、监管、销售等畜禽产品生产及流通的关键环节，同时记录各个环节的相关数据，通过数据通信网络上传数据中心存储，实现畜禽产品的全过程追溯，提高食品的安全性和市场竞争力。

畜禽产品质量安全管理系统的主要功能有基本信息管理，各个环节的信息采集、环节关联，以及追溯信息查询功能。系统可以对追溯过程中涉及的养殖场、畜禽个体特征信息等基本信息进行分类管理，通过传感网或者手工录入的方式采集生产、加工、销售及流通等各个环节的重要数据，包括畜禽饲料、养育时间、病历、喂药、转群、物流车辆编号、物流时间、物流线路、销售场所及进入销售场所时间等信息，消费者在购买贴有追溯码的产品后可以通过互联网查询到所购买产品的追溯信息，也可以通过销售场所提供的查询一体机查询到准备购买或者已购买产品的信息（陈晓华，2012）。畜禽产品质量安全管理系统主要包括以下环节：

（1）饲养环节：在畜禽出生饲养的时候，在畜禽身上安装上RFID标签（如做成耳标或脚环），这些电子标签在畜禽一出生时就打在耳上，此后饲养员用一个手持设备，不断地设定、采集或存储它成长过程中的信息，从源头上对生产安全进行控制。同时，记录畜禽在各个时期的防疫记录、疾病信息及养殖过程关键信息的记录。在畜禽屠宰前，首先要通过手持机读取RFID标签，以确认无疾病畜禽才能出栏。

（2）屠宰环节：在屠宰前，读取畜禽身上的RFID标签信息，确认畜禽是有过防疫记录并确实健康的，才可以屠宰并进入市场，同时将该信息写入包装箱标签、货物托盘标签和价格标签中。

（3）主管部门监管环节：主管部门在进行市场监管的过程中，要求所有销售网点的货物托盘、包装箱和价格标签都内含RFID标签，将肉类的产地、品名、种类、等级、价格等相关数据写进RFID标签。

（4）物流配送环节：生鲜肉类进入流通环节，在装载肉类的托盘或包装箱贴上RFID标签，运送到指定的超市或市场销售点，在交接货物时，只需通过固定的远距离读卡器或手持读写器读取包装箱或托盘上的RFID标签即可。

（5）外来畜禽的管理：如果是外省份运来的已经屠宰好的肉类产品要进入市场，先到指定的监管地点进行产品检验，检验合格后加贴有关产品信息及相关检验信息的RFID标签。同时，主管部门发给市场销售产品的资质证书。

畜禽生产和流通全过程运用现代化信息技术，可提高畜禽产品的安全性和市场竞争力，满足国外对进口食品的可追溯要求，跨越贸易壁垒，促进产品出口，同时有助于提高消费者对企业的信任度，树立良好社会形象。

8. 什么是兽药产品查询和追溯信息系统？

随着中国兽药生产质量管理规范的全面实施，对加强兽药质量监管、加大售假惩治力度，提升兽药行业整体素质具有重大的需求，但受限于监管手段单一，目前基于标签的兽药产品管理无法满足信息化监管兽药的要求，影响兽药系统监管的工作效率和有效性。兽药产品查询和追溯信息系统指在整个加工过程或供应链体系中利用产品信息编码跟踪某产品或产品特性的记录体系，是利用计算机硬软件、网络通信设备以及其他办公设备进行信息管理的集成化人机系统。国家兽药基础信息查询系统见图5-9。

图5-9　国家兽药基础信息查询系统

兽药产品追溯信息系统主要针对兽药生产、销售、物流过程全流程进行实时生产数据获取、销售快速核验和物流远程监控，通过在兽药包装上印制专用防伪的唯一性标识，并注册标识信息，利用网络将注册的标识信息上传到查验数据库中，在出入库时进行激活查验（图5-10）。利用数据库中的这些注册标识信息，系统将为兽药行业生产情况统计、企业仓储管理、产品市场流通等提

图5-10 兽药追溯信息系统二维码扫描设备

供服务（陆昌华，2009）。在企业的市场销售管理、市场监管时，没有注册标识信息的产品将不能出厂和进入经营市场，查询到的兽药信息与注册标识信息不一致的产品则被视为违规。通过对兽药产品进行标识和追踪溯源，实现畜禽重大疾病疫苗产品等兽药产品的全程监控，实现产品的跟踪和溯源。兽药产品追溯信息系统将为兽药产品生产流通和使用全过程监控提供数据信息管理平台，为政府、企业和广大消费者提供相关的公共信息服务。

9. 什么是挤奶机器人？

挤奶机器人是通过奶头传感器确定奶头位置坐标，由计算机发出装卡或开始挤奶命令从而自动采奶的智能设备。通过自动电子识别装备将奶牛的个体特征信息传到计算机，计算机利用决策支持系统制定奶牛个体的挤奶计划，实现奶牛挤奶的自动化，挤出牛奶通过在线品质检测系统，实时对采集的牛奶进行品质分析及流量统计，并将其传输到计算机决策管理系统，从而确定采集的牛奶是储存还是放弃，并下达作业指令。挤奶机器人的使用可显著减少劳动力投入，提高作业效率（厉为民，2003）。机器人挤奶相比较传统方式，奶牛的肾上腺分泌量明显减少。就奶牛健康来说，机器人可提供提前预警，使管理更加容易，并且提高养殖场运作效率（图5-11）。

挤奶机器人系统包括电子识别系统、决策支持系统和自动控制系统3方面，电子识别装置自动辨识奶牛个体特征信息，通过数据网络系统传输至计算机决策支持系统下达挤奶指令，实现挤奶的全自动化控制（王海彬等，2009）。挤奶过程中奶头位置的确定多利用超声波或光学传感器实现，通过图像特征识别，结合奶牛

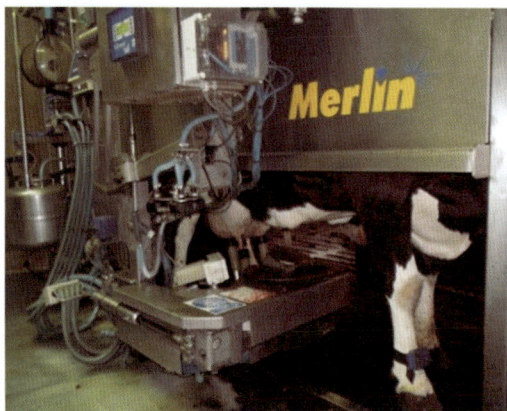

图5-11 挤奶机器人

体格统计特征，精确检测奶头位置。每头奶牛的脖圈上都装有传感器，当奶牛接近机器人时，机器人就可判断是否适合挤奶。如果适合，机器人就会通过传感器探知奶头的位置，并完成挤奶动作，对奶量、奶质进行一体化管理。

◆ 参考文献

白云峰，陆昌华，李秉柏，等，2007.畜禽品安全生产数字化监控体系[J].江苏农业学报（4）：340-345.

陈晓华，2012.农业信息化概论[M].北京：中国农业出版社.

江希流，华小梅，张胜田，2007.我国畜禽养殖业的环境污染状况、存在问题与防治建议[J].农业环境与发展（4）：61-64.

李道亮，傅泽田，温继文，等，2010.农业病虫害远程诊断与预警技术[M].北京：清华大学出版社.

李道亮，2012.物联网与智慧农业[J].农业工程，2（1）1-7.

厉为民，2003.荷兰的农业奇迹：一个中国经济学家眼中的荷兰农业[M].北京：中国农业科学技术出版社.

刘娟，张立伟，孟鹤，等，2010.发达国家动物标识技术应用研发趋势[J].新农村（4）:35-36.

陆昌华，王长江，胡肄农，2007.动物及动物产品标识技术与可追溯管理[M].

北京：中国农业科学技术出版社.

陆昌华, 2009. 重大动物疫病防治数字化监控与风险评估及预警的构建[J]. 中国动物检疫, 26 (10)：24-26.

毛振宇, 2015. 动物标识应用存在的问题及对策建议[J]. 中国畜牧兽医文摘, 31 (6)：14.

沈明霞, 刘龙申, 闫丽, 等, 2014. 畜禽养殖个体信息监测技术研究进展[J]. 农业机械学报, 45 (10):245-251.

汪秀川, 2008. 养牛大户采用电子耳标意愿的实证研究[M]. 南京：南京农业大学出版社.

王海彬, 王洪斌, 肖建华, 2009. 奶牛精细养殖信息技术进展[J]. 中国奶牛 (3):15-16.

熊本海, 傅润亭, 林兆辉, 2009. 散养模式下猪只个体标识及溯源体系的建立[J]. 农业工程学报, 25 (3):98-102.

第六章
"互联网+"现代渔业

1. 渔船如何定位？

渔船定位系统是指利用全球定位系统（GPS）或北斗定位系统（BDS）与装有渔船射频自动识别终端配合，运用先进的全球定位系统技术、地理信息系统（GIS）技术及计算机管理技术，由航行读取设备记录航行时的位置、航线等数据并上传至渔船服务中心平台的系统。系统主要由定位卫星及卫星地面站、海洋渔业船载终端、卫星运营服务中心、渔业管理部门用户和陆地监控台站等组成，以卫星导航系统为基础，有效整合移动通信、卫星通信、互联网、地理信息系统等现代信息技术，构建覆盖近海、中远海以及远洋的海天地一体化的海洋渔业综合信息服务网络（李道亮，2012）。渔船定位系统有3大功能：一是渔船定位监控和轨迹回放功能；二是渔船信息查询功能，这个系统和"渔船信息系统"的数据共享，可以随时查询到渔船的基本信息；三是预警信息发布功能，可以给渔船发布应急预警和灾害天气等信息。

渔船定位系统是一项集监控、管理、定位于一身的统一平台业务，通过互联网技术、GPS定位技术在海洋渔业应用（图6-1），为各级渔业主管部门加强对出海渔船的规范化管理提供了科技手段。渔政管理部门可以通过GPS定位技术对渔船停泊位置、行驶过程实时定位，及时查看渔船的实时动态、运管权限，及时阻止渔船在伏休期非法从事捕捞生产、或在台风时期冒险出海生产，也使渔船防台避灾能力有新的提高，为海洋渔业发展提供全方位的信息服务，构建和谐的海洋渔业安全生产保障体系。当前，"渔船船位监测系统"统计数据，在部分省份已成为分配"渔船柴油补贴"等的重要参考依据。渔民在行船或捕鱼的过程中，如果遇到恶劣的天气或者身体健康出现突发情况时，可以通过终端设备上一键求助报警按钮，将求救信息发送到监管平台。渔船开通 GPS 后，可以为海上渔业生产者提供

图 6-1　安装 GPS 的渔船

自主导航、遇险求救等安全生产服务，并且可以有针对性地提供航海通告、海况、鱼汛等信息服务，同时航行读取器能够定时通过互联网将数据传输至中央控制中心让渔船的位置及航行时数与轨迹的信息利用网络连接一起，可加强渔业管理部门对渔船的监控，防止未批准涉外渔船的非法捕捞作业，在发生海上意外时，由系统内所记录的 GPS 数据能够提供给有关单位来实施紧急救援和厘清肇事责任。

目前，我国的海洋渔业生产主要以个体生产为主，缺乏有效的通信手段和渔业交易信息平台，船岸信息交流困难，渔民不能及时获取政策信息和渔业资源信息，造成渔业生产效率低下，同时也无法形成规模化的生产交易体制，渔船精准定位系统可使渔民获得天气、海浪、赤潮、鱼汛、渔市价格等增值信息，提高生产效率。

2. 渔船如何调度？

渔船调度系统（图6-2）是一套综合GPS、GIS、GPRS（或CDMA1X并融合GSM）技术，为用户提供移动目标定位、监控、调度、报警、信息沟通等服务系统（么强等，2011）。主要包括以下环节：①渔船信息自动化识别：采用物联网传感网络技术对渔船进行身份唯一标识，结合全球定位系统技术、地理信息系统技术和移动互联网技术，监控中心能全天候实时监控所有装有自动射频识别系统渔船的当时位置、行驶轨迹和行驶速度等。②渔船信息的信息化管理：利用计算机网络技术，通过全球定位系统和

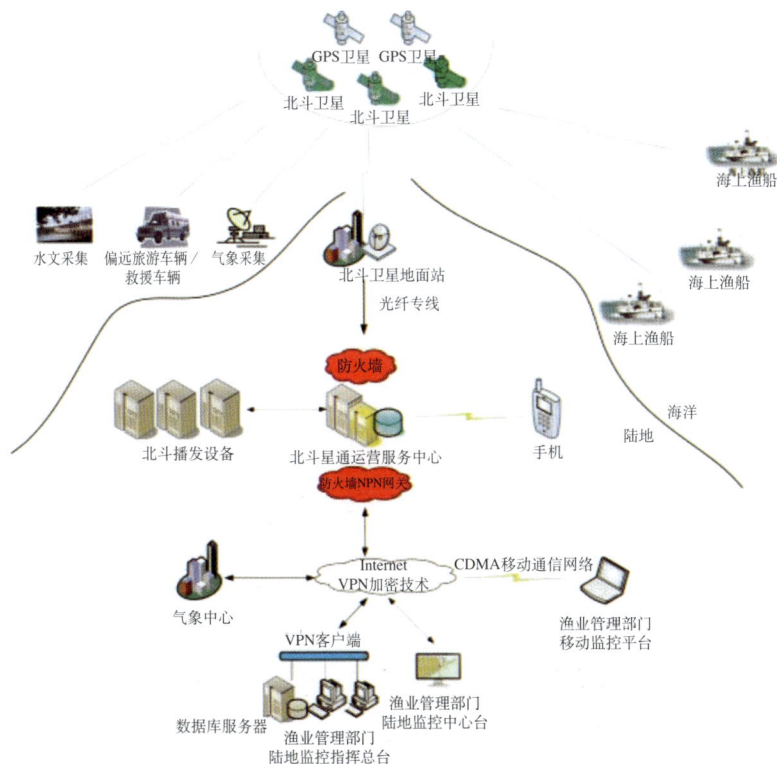

图6-2　渔船调度系统架构

无线传感网络实时收集渔船的状态信息，基于渔船调度管理平台进行渔船信息的有效管理。③渔船监控调度：指挥中心可以通过短波、超短波、GPRS或CDMA网络、卫星等不同通信手段实现对附近渔船进行话音调度，实现渔民和渔船与渔政管理部门之间的及时通信，以及根据定位情况进行救援调度或避灾调度。随着海上作业渔船数量的增加，海上碰撞事故的发生成为威胁渔业生产安全的重大因素之一。通过综合信息技术加强渔船的科学调度，可以有效地提高海上安全生产。

3. 渔港监测包括哪些内容？

渔港监测系统是渔港监督机构利用现代信息技术对重点渔港的主体码头、港池、渔港航道和在港渔船、进出港车辆及人员实时全景监控，及时发现渔港内存在的不安全因素，避免各类安全事故发生，保障渔港安全运营的重要手段。系统主要功能包括：

（1）渔船进出港自动记录统计：每当作业渔船在进入港口和离开港口时，利用船舶配备的自动识别系统可快速获得船只数据信息，这些数据信息将通过网络传输到进出港监管系统的监控中心平台，使得平台可以立刻获得当前船只进出港的状态，同时这些信息将记录在平台上，供今后统计和查询。

（2）渔船在港情况统计：利用渔船全球定位系统（GPS）和网络传输系统能快速准确地统计出当前渔船在港情况，包括渔船在各港口的分布情况（图6-3）。渔船在港情况统计能让渔业主管

图6-3　渔船在港情况远程查询

部门迅速获取目前在港渔船的统计信息、在水上作业的渔船统计信息，在出现灾害性天气时，渔业主管部门能把工作重点放在未进港的渔船上，并有效地调配管理资源和执法力量，从而加强了工作的针对性和有效性。

（3）跟踪问题船舶：当违章船舶、年检过期、证书过期、未办理进出港等问题渔船进出港口时，主管部门通过船舶自动识别系统马上获得信息，可以采取有效措施进行跟踪，整改，直至解决问题，及时消灭安全隐患。渔港监督机构通过视频监控及时发现渔船超抗风等级出海、违规载客载货、船员临水作业不穿救生衣等违规行为，并第一时间派出执法人员予以查处、纠正，防止问题渔船出海作业。

（4）渔船调度：各级渔业主管部门通过视频监控系统和网络通信技术可以指导、指挥港内渔船防风、防火、防碰撞以及灾害性天气下渔船、人员避险、疏散工作，发挥防灾减灾作用。并利用 LED 电子信息显示屏，全天候向在港停泊的渔船渔民发布天气、海况信息，传递渔业安全情况通报（么强等，2011），提高了渔业安全预报预警能力。同时，将渔港安全视频监控系统接入社会管理公共监控体系，与公安边防部门实现信息共享、联勤联动，更好地为海洋渔业生产"保驾护航"。

（5）流量统计：利用渔船定位系统和网络通信系统能有效地、精确地检测到经过读卡器（读头）附近的船舶数量，以每天、每月或每年的形式统计渔船的流量情况。渔船流量统计能让渔业主管部门了解渔船进出港和锚泊信息，掌握航道是否拥挤，并且能根据流量统计信息，在渔船流量大的时候加强对渔船的管理，防止由于渔船流量过大造成违法渔船蒙混出海、航道内渔船碰撞等情况的发生。

4. 水环境监测有哪些指标？

融入现代遥感检测技术、水质传感检测技术（图6-4和图6-5）、无线网络搜集技术等可以实现对养殖生产过程中的温度、盐

图6-4 溶解氧传感器

图6-5 温度传感器

度、溶解氧、氨氮等水质参数和养殖信息实时监控，并针对生产需要进行遥控增氧、换水等操作。

（1）溶解氧：氧是水产动物的生命元素，溶解氧高可以增进水产动物的食欲，提高饲料利用率，加快生长发育；同时改良水质也离不开溶解氧，也是维持氮循环的关键因素（丁启胜等，2011）。长期缺氧，水产动物生长减慢；严重缺氧，鱼虾会浮头，而且水产H_2S、NH_3、NO_2等得不到氧化分解，毒性增大（苏移，2011）。保持足够的溶解氧可分解转化有毒物质。水中溶解氧最低应保持在3mg/L，一般应保持在5～8mg/L，溶解氧过高会导致鱼类患气泡病（即所谓栓塞）。

（2）温度：水温是仅次于溶解氧的第二重要的因素，是渔业水质的控制指标。因为鱼是变温动物，也即意味着水温多少度，鱼的血液就是多少度。鱼体内发挥作用的各种酶都有一个最适温度范围，如果超出了这个范围，鱼体内的各种生物过程即停止发挥作用（许秀英等，2011）。

（3）pH：pH过低，酸性水体容易致使鱼类感染寄生虫病，如纤毛虫病、鞭毛虫病等；pH过高会增大氨的毒性，同时腐蚀鱼类鳃部组织，引起大批死亡。重要pH数据：对虾育苗：8.5；河蟹育苗：8.0～8.5；淡水养殖：6.5～9.0；海水养殖：7.5～8.5；pH超过8.5，水中氨的毒性增大，硫化氢毒性减小。pH超过9.5大多数水产动物不能存活。pH低于6，水产的氨无毒性，但硫化氢毒性增大。鱼虾在pH低于6.5时易缺氧浮头。pH低于5时，对水产动物有严重危害。

（4）氨氮（NH_3）：非离子氨（NH_3）是水产动物的头号隐形杀手。养殖生产中应将氨的浓度控制在0.015mg/L（ppm）以下，高于0.02mg/L会引进死亡。河蟹、对虾育苗水质应控制在0.01mg/L以下，超过0.01mg/L会引起死亡。pH影响氨的毒性，pH低于7时氨几乎无毒，高于8.5时毒性剧增。

（5）亚硝酸盐（NO_2^-）：亚硝酸盐是水产动物致病的根源。养殖水质中的亚硝酸盐氮应控制在0.2mg/L以下，在0.5mg/L时会引起水产动物死亡或患病，高于0.8mg/L会引起大批死亡。河蟹、对虾育苗水质的亚硝酸盐氮应控制在0.1mg/L以下，0.3mg/L时轻度死亡，超过0.5mg/L会引起大量死亡。

（6）余氯（Cl）：养殖池塘中的余氯主要来自所使用的含氯消毒剂。余氯对鱼虾、藻相、菌相平衡均有严重的影响，因此不要滥用消毒剂。养殖水质中余氯应保持在0.02mg/L以下。高于0.02mg/L的余氯可对鱼虾黏膜产生强烈的腐蚀作用，超过0.1mg/L会使鱼虾致死（于承先等，2009）。

（7）硫化氢（H_2S）：养殖水质应控制在0.1mg/L以下，0.5mg/L时会引起水产动物死亡或患病，高于0.8mg/L会引起大批死亡。河蟹、对虾育苗水质应控制在0.05mg/L以下，0.3mg/L时轻度死亡，超过0.5mg/L将引起大量死亡。

（8）溶解有机物（ORP）：溶解有机气体压力高会导致鱼类患致命的气泡病。

（9）盐度：盐度对于水产动物的影响主要在于渗透压的适应和变化。在一定范围内变化的盐度，鱼体是可以耐受的。淡水鱼的血液渗透压大概相当于7pg/L（7ppt）的氯化钠浓度。因此，现在很多淡水鱼在上市之前放在淡盐水中养殖两三天，可以改善肉质，俗称吊水。盐水可以帮助鱼体排出一部分水分和代谢物，使肉更紧致（李道亮，2012）。

5. 养殖水环境如何智能调控？

水质发生变化时，数据异常系统会实时预警、告警并实时推送短信/控制机声音/多媒体终端预警系统信息给授权关系人，授权用户可以通过手机、互联网、PAD等终端远程控制水泵、增氧、投料等相应设备，实现自动增氧、自动投料、自动调水功能；在日常生产管理中也可以自主设定手动、自动、定时3种智能控制模式，对水质进行科学管理（缪新颖等，2009）。

智能监控系统由增氧控制站、现场监控中心等子系统组成。增氧控制站包括无线控制终端、配电箱、空气压缩机与曝气增氧管道（或增氧机），无线控制终端汇聚水质监测站采集的信息，根据不同养殖品种对溶解氧的需求，通过算法模型控制增氧设备动作（图6-6）。现场监控中心包括GPRS无线接入点和现场监控计算机。无线控制终端汇聚的数据通过无线接入点汇总到现场监控计算机，用户可在本地查询水质参数数据，同时，监控计算机对数据进行分析处理，做出控制决策，通过GPRS无线接入点向配电箱发送控制指令（陈娜娜等，2011）。

养殖池塘的水质参数、电器设备工作参数、水上监控视频、水下监控视频、气象参数等全部汇总到中央控制中心，中央控制中心配置电脑服务器、大屏幕显示器、报警系统、无线对讲系统

图6-6　养殖池塘自动增氧设备

等设备，当某一池塘有异常情况时，系统自动启动声光报警设备，该池塘区域以红色显示。管理人员在中央控制中心可监控整个养殖基地运作情况，可通过手机、电脑远程控制增氧机、投料机、水泵、照明等电器设备工作。有异常情况时，通过无线对讲系统通知相关人员处理。

以远程增氧为例，蟹农通过互联网、手机终端登录"水产养殖监控管理系统"，就能随时随地了解养殖塘内的溶解氧、温度、水质等指标参数，并且用绿、红、黄等颜色显示溶解氧处于正常、预警、偏低等状态，一目了然。一旦发现某区域溶解氧指标预警，只需点击"开启增氧器"，就可实现远程操控。

欧美等国在大力发展传感器感知、信息融合传输和互联网等技术的基础上，结合庞大的资源卫星，用于获取、传输和分析各类农业信息，再通过决策系统，实现了大区域农业环境监控和统筹规划。像挪威的大型养殖场，在人力成本高昂的情况下，通过集成现代信息技术，构建养殖物联网平台，实现三文鱼饲料投喂、收获、洗网、加工的完全自动化，只要定期维护便可实现1～2人管理全场所有事务。日本、以色列等国利用物联网技术在水产精细化养殖和养殖水环境智能调控等领域进行了深入研究和广泛应用，效果良好。

6. 怎样利用信息技术实现水产养殖精准投喂？

利用信息技术的水产养殖精准投喂是指依据水产动物在各养殖阶段的长度和重量关系，养殖环境因素与水产动物饲料养分的吸收能力、摄取量的关系建立数据库，进行细致分析，根据水产动物的生长过程，分阶段针对性地投喂饲料，实现细致化饲养，降低成本。在水产养殖业界流传一句话，"养鱼先养水"，普遍将调水看做水产养殖最重要的工作。诚然，水质的好坏关系到养殖是否成功，调水是养殖的关键。然而导致水质恶化的根本原因常被忽略，那就是投喂技术。针对水产养殖饲料投喂缺乏科学指导、自配饲料营养不均衡等问题，通过对影响饲料投喂的各种因素，特别是溶解氧数值变化的分析，综合专家理论和养殖户经验，建立饲料投喂决策模型，开发饲料投喂决策咨询软件，可以提高饲料利用率、降低人工成本、实现水产品的增产增收（卜涛，2010）。投喂系统可利用监控软件、网络技术，通过局域网、手机等工具，实现远程异地监控。在管理人员不在养殖场的情况下，能实时掌握投喂情况、养殖产品的进食情况、病害防治情况。利用远程控制系统，实现自动化定时精准投喂养殖，减少饲料损耗（李道亮和傅泽田，2010）。

水产养殖投料时有3个重点，一是投好"料"，使用能够保证质量的饲料；二是投"好"料，控制投料量，把握操作细节，把握较"准"的投料量；三是投"好料"，在原配合饲料中添加营养物质、微生物、免疫增强剂等添加剂，提高水产动物的体质。但在投料中，少有养殖者能很好地掌握正确的投料量，要不投料过多，水质不稳定，频繁地调水，以至于调水的费用高居不下；要么是为了防病，过少投喂导致生长慢。在实际生产中，通过精准投喂系统，可以准确把控投料的数量和质量，减少内源污染，减少池塘有机质和耗氧物质，从而降低水体的负担，保持水质稳定，提高单产。

投喂饲料要遵循"四定"原则，即定点、定时、定质、定量。其中，定点、定时比较容易做到；选择大品牌饲料，定质就较容易做到；最难的就是定量，因为影响投料量的因素（水产动物规格、水温、溶解氧、水质、天气及水产动物健康程度等）甚多，把握和判断难以做到精准。

以螃蟹养殖为例，蟹农用手机发送短信指令到中心平台，即可操控自动投喂机按预先设定的间隔时长、投料量为池塘水产动物投喂饲料。指令发送后，不在现场的蟹农还可以通过网络视频监控系统实时监测池塘水面状况，避免误操作引发的损失。

7. 信息技术如何实现鱼类病害监测预警？

在水产养殖生产中，鱼类的病害防治是困扰养殖户的主要问题之一（李道亮等，2008）。如何减少鱼病的发生，促进养殖鱼类健康生长，已经成为当务之急。因此，必须采取有效可行的措施，切实加强鱼类病害的防治工作。基于物联网的鱼类病害监测预警系统是指，运用鱼类病害辅助诊断和远程会诊系统实现鱼类病害的及时诊断治疗及隔离。辅助诊断是用户对病患水产动物的宏观影像、显微图像等进行数字化的采集，并结合一定的临床表现描述和养殖水体性状进行综合记录。远程会诊系统主要利用图像远程无线传输技术，突破地域限制和技术瓶颈，实现养殖户现场照相、专家远程诊断，大大缩短疾病的诊断时间，提高对病害的治疗和控制力，彻底解决信息传输"最后一公里"的难题（王贵荣等，2009）。通过专家在线水鱼类病害远程会诊系统，有效提高基层诊疗点的规范用药意识和诊疗服务水平，从生产的源头保障水产品的质量安全。

近年来，水产养殖动物病害呈现出发病水产动物品种多、病害种类多、流行范围广以及病情紧急等趋势。很多养殖户、甚至基层水产技术人员在面对一场突如其来的病害束手无策的时候，迫切需要专家指点迷津，但这在以前往往由于空间的阻隔，让专家诊疗变得遥不可及。为了避免不必要的损失，养殖户想到了所谓的土专家，有时候确实起到了疗效。但是随之而来的是水产品质量安全的恶化。鱼类病害远程会诊系统正好解决了目前水产动物病害所面临的困境，它配有相应的病害图谱以及诊疗方法，只需将病害的特征输入电脑，系统会自动开出药方（杨萍等，2006）。而碰到那些疑难杂症，还可以直接将病害症状通过系统传给专家，待诊断后再传回给基层水产技术人员。

以河北省石家庄市鱼病远程诊断系统为例，基于物联网的鱼类病害监测预警系统包括电脑及软件、照相显微镜、大型样品拍照器、彩色打印机等设备，电脑联网后，打开诊断界面，可输入病害信息，观看照相显微镜显微照片和大型样品照片。根据症状与病害信息，可进行当场诊断，也可点击专家在线进行远程会诊，并可打印带有彩色照片的诊断书。该系统除了远程会诊功能以外，还带有电子用药监督及追溯功能，疫情监控及电子病历管理功能。

8. 什么是智能网箱养殖？

针对大型的水产养殖、网箱养殖企业，基于物联网技术的智能网箱，以详细的各种数据为基础，用智能化的机器指令代替人工操作，大大地降低人工成本，实现科学水产养殖。

智能网箱远程监控系统的组成包括：养殖区域终端（水下机器人、云台水下摄像机、固定水下摄像机、在线水质监测仪、增氧泵、投料机、控制台及无线收发设备）、陆地中控室（控制台、无线收发设备、服务器及监视器）、智能移动控制终端（联网的电脑、平板电脑、手机等）等。

智能网箱远程监控系统是由养殖区域的水下机器人、在线水质监测等智能终端采集水质参数、视频等信息，并上传至陆地中控室服务器。陆地中控室服务器将收到的信息对外发送至用户手机、个人电脑等智能终端（史兵等，2011）。用户通过终端观看视频及水质参数，根据养殖需要发送增氧、投料等控制指令到陆地中控室，由陆地中控室发送指令传给布置在养殖区的设备，实现远程监控。

以深水智能网箱（图6-7）为例，在传统水产养殖模式中，由

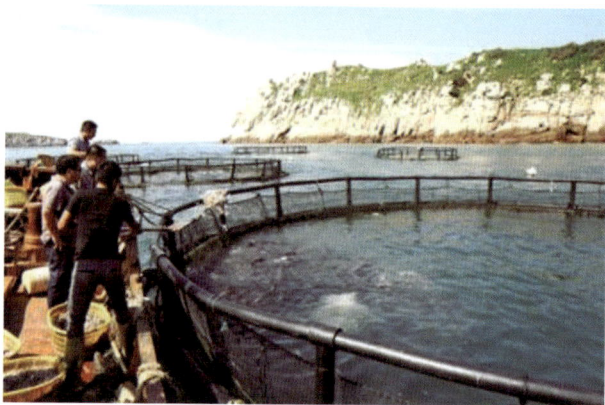

图6-7　深水智能网箱

于养殖网箱密度过高，每年要投喂大量鱼饲料，导致大量排泄物沉入大海，造成水质不断恶化，富营养化不断加剧，从而引发赤潮。为了解决赤潮问题，渔业水产养殖开始让网箱养殖从港湾向开放性海域发展，但是，由于传统网箱抗风浪能力差，往往一场高强度台风过后，渔排网箱尽毁。由于技术缺陷等因素，目前很难实现大规模的水产深海养殖。使用抗风浪能力强的材料的智能深水网箱，可有效减少台风对水产养殖的影响，同时智能网箱还能实现无人值守的投喂工作，投喂系统里能储存多天的饲料，因智能网箱能利用海洋能发电、蓄能，所以养殖管理人员在家里就能实现自动投喂。

◆ **参考文献**

卜涛,2010.集约化水产养殖无线传感器网络能量管理关键技术研究与实现[D].上海：上海海洋大学：25-35.

陈娜娜,周益明,徐海圣,等,2011.基于ZigBee与GPRS的水产养殖环境无线监控系统的设计[J].传感器与微系统,30(3):108-110.

丁启胜,马道坤,李道亮,2011.溶解氧智能传感器补偿校正方法研究与应用[J].山东农业大学学报（自然科学版）,42(4):567-571.

李道亮,2012.农业物联网导论[M].北京：科学出版社.

李道亮,傅泽田,2010.集约化水产养殖数字化集成系统[M].北京：电子工业出版社.

李道亮,王剑秦,段青玲,等,2008.集约化水产养殖数字化系统研究[J].中国科技成果(2):8-11.

缪新颖,邓长辉,高艳萍,2009.数据融合在水产养殖监控系统中的应用[J].大连水产学院学报,24(5):436-438.

史兵,赵德安,刘星桥,等,2011.基于无线传感网络的规模化水产养殖智能监控系统[J].农业工程学报,27(9):136-140.

苏移,2011.宜兴物联网水产养殖基地运行良好[J].江苏通信(5):70.

王贵荣,李道亮,吕钊钦,等,2009.鱼病诊断短信平台设计与实现[J].农业工程学报,25(3):130-134.

许秀英,黄操军,仝志民,等,2011.工厂化养殖水质参数无线监测系统探讨[J].广东农业科学,38(9):186-188.

么强，赵海涛，李雪梅，2011. 物联网技术在海洋渔业中的应用 [J]. 河北渔业 （1）：54-55.

杨萍，庄传礼，傅泽田，等，2006. 基于 Internet 的鱼病远程会诊系统的设计与初步实现 [J]. 农业工程学报，22（6）:127-130.

于承先，徐丽英，邢斌，等，2009. 集约化水产养殖水质预警系统的设计与实现 [J]. 计算机工程，35（17）:268-270.

如何用信息技术建设农产品质量安全追溯系统？

信息技术在农产品质量安全追溯中的应用，主要是结合农产品质量安全管理体系的建立，利用射频识别（RFID）技术、二维码技术、地理信息系统（GIS）技术、移动互联网技术等，通过标识编码、信息录入与传输、数据汇总、分析和查询等，实现农产品从生产、加工、运输、储存、批发以及零售等全过程的质量跟踪和追溯，提升农产品"从农田到餐桌"监管能力，保障农产品质量安全。目前，上海市开展了农产品质量安全追溯物联网应用示范，在粮食、蔬菜、畜禽、水产品和冷链物流方面均有较好应用。农业物联网的应用可以有效地保障产品的质量安全，农产品质量安全追溯系统以信息采集、电子标签应用、多渠道查询为基础，同时结合农产品质量安全管理体系、相关认证体系以及流通领域农产品、农业加工品安全管理办法的相关政策、法规，面向农产品种植、养殖、生产、加工、销售等环节提供全方位、全产业链质量安全监管与追溯查询服务的综合解决办法（广德福，2015）。农产品质量安全追溯物联网应用以实现高效生态农业及质量安全为目标，以"标准化生产、标识化追溯"为突破口，以"生产企业—超市"为主要应用模式，以二维码为载体，构建农产品质量安全追溯物联网系统（中国智慧农业网，2015）。农产品质量安全追溯系统应用到的信息技术包括生长和养殖环境数据采集、病虫害检测与物理防治技术、生长或生产过程图像采集、生长模型建立、病虫害模型建立、生长全过程的智能决策及预警等（图7-1）。

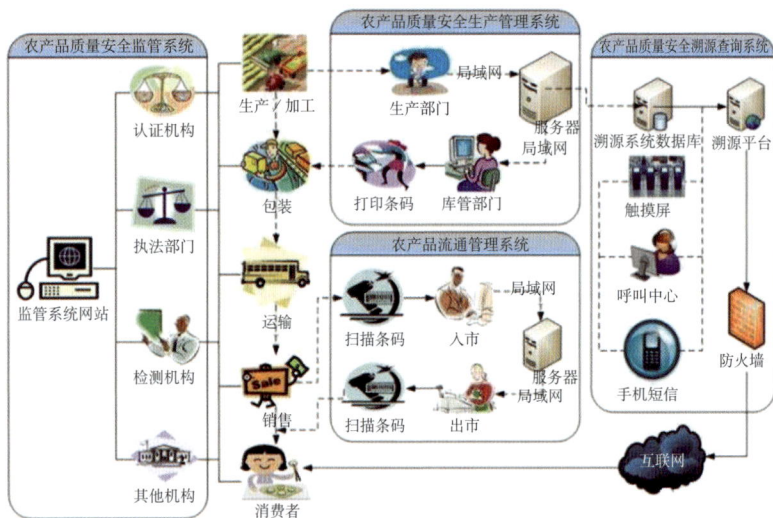

图7-1　农产品质量安全追溯系统

　　农产品质量安全追溯系统包含整个智慧农业的全流程跟踪管理，涉及生产企业、合作社、农户、农资供销商、产品销售商、政府和消费者，贯穿了农产品生产基地管理、种植养殖过程管理、采摘收割、加工、储存、运输、上市销售、政府监管的各个环节（白红武等，2013）。追溯平台涉及的各子系统为智慧农业的某一环节服务，并将采集到的信息即时传送到追溯平台，最终在追溯平台上进行全流程的展现，实现"质量可监控，过程可追溯，政府可监管"，让群众放心食用，让政府宽心管理。

　　（1）生长环境监测系统：①种植环境监控：通过在生产基地应用便携式农事信息采集系统，实现生产履历信息的快速采集与实时上传；通过在生产过程中应用农产品质量安全生产管理系统，实现有机生产的产前提示、产中预警和产后检测。对农作物生长全过程的自动化、智能化远程监控，不仅可以提高生产效率、节约多方资源，也将有效提升农产品品质，使现代农业高效、绿色、安全、可持续的发展理念真正落地践行。②养殖环境监控：通过视频监控系统及环境传感器实现二氧化碳、氨、空气温度和空气湿度等的自动监测、智能分析、预警等功能，营造适合养殖动物生长的环境条件，提高经济效益。

（2）病虫害或疫病检测与物理防治：①病虫害：通过各种传感器精确监控作物生长环境，及时发现容易导致作物发病的环境因子的变化情况，结合视频监控系统，可以有效地实现作物病虫害的及时有效防治。②养殖动物疫病：针对现有动物防疫、检疫、监督环节技术手段较落后的现状，通过动物生理传感器或人工记录的方式，实时地把饲养、产地检疫、运输、屠宰检疫4个环节的防疫、检疫和监督信息通过无线网络传送到中央数据中心，实现动物生命周期全程监管，并进行科学的防治，提高检疫工作的现代化水平。

（3）农产品生产全过程智能决策与预警：智能分析决策系统的嵌入，向管理者提供了可观、专业的生长数据模型，使农产品生产管理由经验型走向科学型。例如，将防疫、检疫、监督各业务流程有机地集成起来，当局部发生疫病时，借助先进的信息技术能够快速准确地追溯动物的饲养、检疫、流通和屠宰路径，达到疫病监控和防治目的，实现农产品生产全过程智能决策与预警。

（4）农产品追溯系统：该系统是以质量安全为目标的物联网应用的核心内容，系统结合政府、生产企业及消费者对农产品质量安全溯源的实际需要，选择了种植、养殖、收购、初加工、精加工、内包装、外包装、成品检验、分销等8个环节作为溯源控制点，通过自动数据采集技术，将生长、加工、储藏及零售等供应链环节的管理对象进行唯一标识、并相互链接，在终端提供了二维码等多种查询方式来实现信息追溯（图7-2）。溯源的关键是从小处着眼，做细做精每个环节，真实上传每项数据，缩小农产品质量安全问题的范围（魏霜，2013）。通过将各生产企业数据汇集到农产品质量安全管理部门，构建追溯平台数据库，消费者可以通过上网、二维码扫描、短信和触摸屏等方式的追溯，从而提升品牌知名度和赢得消费者的认可。

图7-2　农产品质量安全追溯系统查询方式

2. 生产环节监测主要利用哪些信息技术？

运用现代信息技术对农产品生产环节的监测是指数字化、智能化、自动化地采集种养殖环境信息及动植物生理信息等，科学高效地分析数据并充分利用。通过环境信息感知、自动智能控制等农产品生产信息化技术，可以满足不同群体在农产品生产过程中的信息需求（广德福，2015）（图7-3）。

（1）环境信息的感知获取：以温室大棚生产为例，采用智能温室显示控制系统及基于GPRS的无线数据采集系统，通过传感器、GPRS无线通信模块等，实时监测温室内部的空气温度、空气湿度、光照度、二氧化碳浓度、土壤温度、土壤含水量等环境参数，通过无线采集终端以无线局域网方式将采集数据传输至农产品质量安全监控中心，并能够以语音方式报警和指导生产。温室内安装土壤含水量、土壤温度传感器，监测设施日光温室和部分连栋温室的土壤温湿度情况，通过信息监测指导灌溉，采集数据

图7-3 物联网信息感知调控系统

通过本地数据采集器显示以及通过汇聚节点远程传输到监控中心。

（2）温室环境智能化控制：基于互联网技术的温室环境智能化控制是指根据温度传感器、湿度传感器和光照度传感器等环境传感器获取的环境信息，利用自动滴灌系统、水肥一体化系统、智能施肥决策系统和病虫害防治智能决策系统等实现作物生长的智能调控。温室安装滴灌、倒挂微喷灌溉系统，以及补光系统，根据日光温室作物种植情况，结合温室环境信息采集实时数据，可远程通过计算机或手机，控制灌溉、补光、卷帘等设备的开启与关闭。智能灌溉系统是以先进的监控装置和系统控制技术为依托，实现了对作物生长过程中土壤、基质水分、养分环境条件参数进行实时监测和智能调节，更能有效地防止土壤盐碱化和板结，保护生态环境，节水、节能、生态、优质。通过土壤中的传感器，探测土壤的养分信息，根据相应的施肥决策模型，计算出需要施用的肥料数量，并且进行自动施用，可以有效地提高作物的肥料利用率，减少肥料的浪费（李道亮，2012a）。根据温度、湿度传感器，实时采集大棚内作物的生长信息，根据作物的生物学特性及病虫害的发生条件，在平台上对病虫害防治进行智能决策和自动控制，可以有效地实现病虫害的精准防治，有效地减少农药的用量。

3. 流通环节监测主要利用哪些信息技术？

信息技术在流通环节的应用主要是农产品流通安全管理系统，针对农产品运输过程中存在的运输不便、易腐烂等问题，采用RFID技术、GPS定位技术和视频监控技术等全过程监测农产品的仓储和物流情况，为保障农产品的安全流通提供技术支撑。农产品流通环节的监测主要包括智能仓储管理系统和现代物流监控系统的应用，通过记录农产品储存的位置信息及外观信息等，实现农产品整个流通过程中的高效监控（颜波，2012）。

基于物联网技术的仓储管理系统：仓储是农产品物流环节的核心环节之一，基于物联网RFID技术、视频采集技术、云计算技术和GIS技术等，可在物联网流通平台实时监测农产品所处的位置，为农产品流通环节监测提供更可靠的安全保障（侯春生和夏宁，2010）（图7-4）。现代化的农产品仓储管理模式，可以显著提高农产品储存和转运的效率。将物联网技术用于农产品的仓储管理，在附加电子标签的农产品发生移动时，货架上的终端设备可以自动识别农产品信息，并通过网络传输系统将信息传至农产品

图7-4 物联网仓储结构

物流监控系统；当货物需要转运时，通过农产品仓储管理系统记录的农产品电子标签信息，可以快速定位农产品所处的仓位，通过叉车或其他转运设备实现农产品的快速调取。通过物联网技术的应用，实现了农产品流通过程的实时监控记录（赵春江，2005）。

　　基于物联网技术的农产品冷链物流监控系统：利用信息感知技术、RFID技术、无线网络传输技术、GPS定位技术和视频监控技术等，将物联网技术与农产品的运输环节结合起来，解决了高附加值农产品的保鲜储藏运输问题，确保了农产品的品质，降低了损耗，提升农业经济发展在流通环节的信息化程度。农产品的运输环节，将农产品的全供应链，即农产品的生产者、加工者、销售者紧密联结起来。在农产品装车前，利用电子编码技术对农产品进行自动识别分类，快速、精确地将农产品分配至物流车辆，由于在物流运输车辆上安装了GPS、射频解码设备、环境传感器等装置，可以实现农产品离开仓储基地后在运输过程中的全程可视化监控。农业生产者及销售者，运用互联网技术，根据物流运输车辆的GPS定位信息，结合GPS技术的行车路线软件能够随时跟踪货运车辆与货物的运输情况，可以精确地获取农产品的位置信息。物流过程的跟踪技术主要是GPS、GIS、GSM等技术结合，实时提供物流车辆位置信息、车辆状态、接收车辆紧急报警信息并对车辆进行远程控制的一种实用技术（图7-5）。在实际工程中，

图7-5　冷链物流跟踪系统

这几大技术的应用逐渐向集成化方向发展，单独地运用其中一种技术的效能都将受到极大限制。

4. 交易环节监测中主要利用哪些信息技术？

交易环节是农产品全过程质量安全监控的最后一环，为了便于政府部门有效监管，以及企业内部生产合理内控，农产品交易环节监测系统的建立意义重大。农产品交易模式是指以农产品为交易客体，买卖双方（不限于人，包括农产品批发市场和电子商务平台等交易载体）为交易主体，主客体在交易过程中形成的关系。因此，农产品交易环节的监测包括对交易主客体及交易关系的监控，需综合运用多种网络技术、二维码记录、射频识别（RFID）技术等前沿信息技术，加强对农产品交易环节的监测管理，真正实现农产品交易的规范化、安全化（图7-6）。

图7-6　农产品交易环节的追溯查询

农产品交易信息化是指在农产品销售阶段，充分利用以RFID、网络高速传输、电子商务平台等信息技术，精准匹配供求关系，灵活运用搜索引擎营销、网络推广等多种营销模式，提高农产品销售的针对性，借助互联网实现农产品的便捷交易，并通过农产品交易管理平台实现农产品质量、交易过程的监管。附带电子标签的商品，通过智能解码设备和货物监测系统，实时追踪、监控货架上的商品信息，并在缺货或摆放位置错误时进行智能预警，可实现商品的及时补货及正确摆放。此外，利用物联网技术，可有效地防止商品被盗，通过智能解码设备，可以自动识别未销售商品，提醒工作人员阻止商品被盗（郝建强和欧阳喜辉，2013）。通过电子标签记录商品的产地、保质期和价格等信息，可实现交易时的快速结账，也可以及时提醒工作人员清理即将过期的商品，提高管理效率。

5. 如何构建畜禽从养殖到屠宰的全产业链追溯监管平台？

畜禽从养殖到屠宰的全产业链追溯监管平台是将射频识别、二维码、电子耳标、大数据、网络技术相结合，应用于大规模畜禽养殖及肉制品加工、物流运输、市场查询追溯的管理系统，及时掌握畜禽从养殖到屠宰的各种动态变化，减少养殖企业管理人员的工作繁忙程度，提高工作效率。畜禽从养殖到屠宰的全产业链追溯监管平台包括牲畜身份追溯、饲喂过程追溯、牲畜屠宰追溯等（李爱军和李晋瑶，2014），通过多系统的配合，可以有效提升畜牧业全产业链监测预警、畜禽疫病风险评估预警、病死畜禽无害化处理等方面的管理水平，实现畜牧业全产业链的动态实时监管、数据统计分析、科学决策指导，提升畜牧业管理效能和服务水平。图7-7为牛场环境监控系统结构。

（1）畜禽身份追溯：智能耳标可选内置无源线圈，用来保存畜禽的ID号，这个ID是养殖场为每头（只、羽）畜禽分配的唯一的身份证号，可以记录畜禽从出生或者购买以来的所有信息，包括品种、产地、健康状况、治疗情况等，这些全部都记录在物联网云平台数据库里。养殖场人员可以通过管理软件随时查看畜禽的详细档案信息。通过这套畜禽全程追溯机制，不仅对肉品安全性提供了保障，同时为优化后续养殖提供了分析依据。

（2）饲喂过程追溯：利用视频监控设备、RFID、网络高速传输系统等实现7×24小时监测畜禽（猪、牛、羊等）的数量以及所

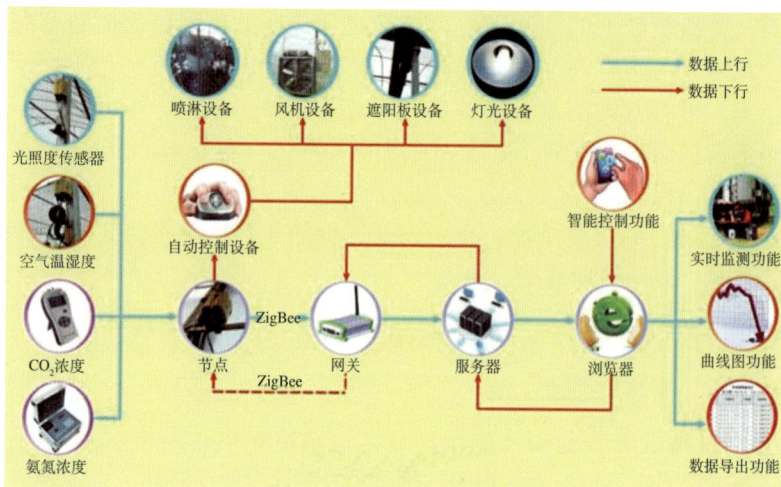

图7-7　牛场环境监控系统结构

在圈舍位置，使管理人员时刻掌握饲养畜禽的变化情况。设备采用无线进行数据传输，施工极其灵活、便捷。运用先进的物联网技术提升养殖企业的养殖管理水平，节省人员，提高效率，实现更加精细化的智慧养殖。畜禽戴上无线智能耳标，并且在附近布设智能采集器，智能耳标实时通过WIFI/GPRS与智能采集器通信，可以监控畜禽的变化情况。面对养殖行业技术人员用工难的问题，目前很多畜牧养殖企业采取"公司＋农户"的养殖模式，通过电子耳标、生物感知和移动互联网等物联网技术，能够保证养殖场管理人员随时随地精准掌握所有畜禽的生长情况，实现对合作农户的有效管理。

（3）畜禽屠宰追溯：将大数据、云计算、RFID和视频监控等物联网技术运用到畜禽屠宰的"入场关""待宰关""同步检疫关"等关口，做到病死畜禽不屠宰、不出售、不转运，及时进行无害化处理，从源头上杜绝不合格畜禽产品上市销售，严防检疫不合格畜禽产品进入流通环节。通过病死畜禽无害化处理管理平台，可以加强病死畜禽收集、运输、处理各环节的监管工作，并通过畜禽养殖与保险理赔、无害化处理和财政补贴等手段，进一步规范畜禽的管理。图7-8为肉菜流通追溯流程示意图。

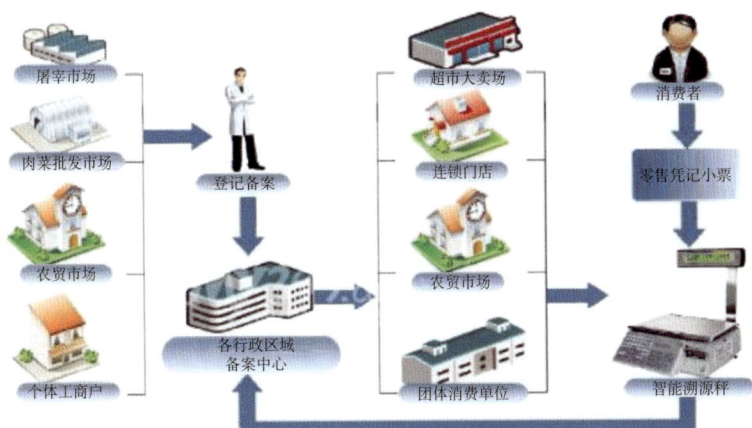

图7-8　肉菜流通追溯流程示意

6. 如何构建蔬菜全产业链追溯平台？

以实现种植规模化、生产标准化、管理制度化、监管信息化为目标构建蔬菜基地安全生产技术、管理规范、市场准入及产品质量全程监测等方面全产业链的追溯监管平台是保证蔬菜质量安全的重要手段。采用"互联网+"技术构建"基地—乡镇—区（县）—市"相结合的四级溯源与监管平台，实现了蔬菜质量安全的全面提升（张丽等，2010）；利用放心菜基地管理系统，实现了地块信息管理、生产资料管理、天气预报、生产信息管理、病虫害统防统治、检测信息管理、追溯条码打印等功能；建立了放心菜质量安全追溯监管平台，实现了基地认证审核、基地日常管理、病虫害统防管理、产品检测监管、基地诚信档案管理等功能；通过构建网站、手机短信、手机扫描二维码、追溯触摸屏等4种方式，实现了多种手段下产地信息、生产信息、检测信息等的追溯查询，提高了追溯的便利性，也满足了消费者对全面了解农产品质量安全状况的需求。通过平台的实施，极大地提高了监管效率、降低了监管成本，同时促进了由产后监管、市级直接监管到生产全程监管、市县乡三级相结合垂直监管的转变（图7-9）。

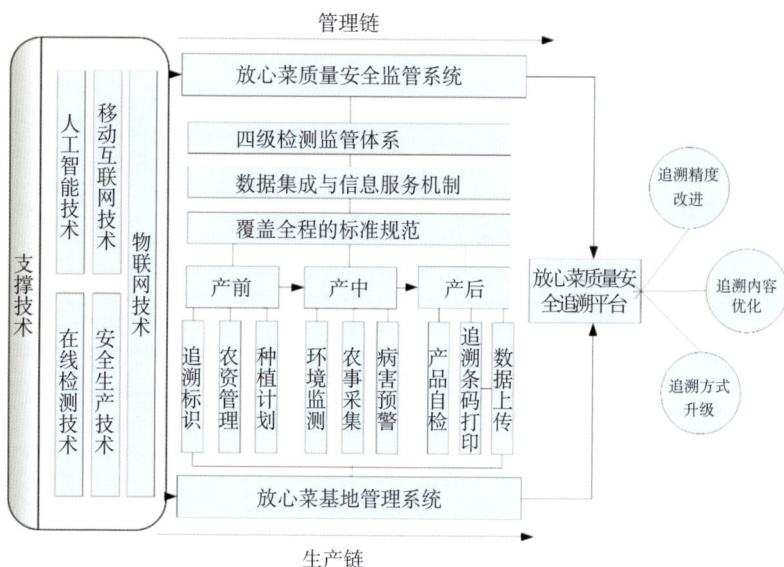

图7-9　放心菜质量安全追溯平台

（1）蔬菜生产信息采集系统：以智能手机为载体，结合便携式农事信息采集系统，采集育苗信息、定植信息、施肥信息、防治病虫害信息、灌溉信息、收获信息等，作为数据信息的有效补充，基于网络技术和视频传输技术，对基地蔬菜生长状况进行全天候视频监控，为病虫害预警、诊断等提供重要的技术支撑，通过无线和有线方式将蔬菜生长感知信息传输至无公害蔬菜安全生产管理系统，安全生产专家决策系统对采集的设施农业信息与感知的环境信息和农事信息进行汇总并进行综合分析，采用GAP（良好农业规范）和HACCP（危害分析和关键控制点）的理念和方法，注重生产过程各环节的控制，基于专家知识的环境分析、水肥决策、病虫害预警等模型确定安全生产流程的关键控制点和关键限值，制定安全生产关键控制点的控制措施，为设施农产品质量安全生产提供监测、决策、检测与诊断服务。根据安全生产专家决策系统生成的专家决策结果，对温室设备进行远程智能控制。

（2）蔬菜流通安全管理系统：系统由RFID标签全程连接，通过移植有生产信息采集系统的RFID便携式读写器先读取温室大棚的RFID、定植、施肥、防治病虫害、灌溉等信息，采集后RFID便携式读写器通过短信、数据同步和GPRS等技术将采集的数据添加到用户端计算机上，再通过蔬菜质量安全追溯软件对采集数据进行汇总；对采收筐应用RFID进行标识，产品成熟采收时，将移植有生产信息采集系统的RFID便携式读写器进行采收信息采集，采集时首先读取大棚RFID，再读取采收筐RFID，接着输入采收时间、采收品种、负责人等信息，采集后RFID便携式读写器通过短信、数据同步和GPRS等技术将采集的数据添加到用户端计算机上，再通过蔬菜质量安全管理软件对采集数据进行汇总；采收后RFID便携式读写器记录蔬菜物流全过程信息，并对进入的销售场所进行定位，将数据汇集到蔬菜质量安全追溯系统，实现流通及销售环节的监控。

（3）蔬菜质量安全检查管理系统：建立蔬菜质量安全检查管理系统，作为设施蔬菜生产管理、技术培训、专家决策的综合性管理发布系统。发布设施农业动态信息、生产技术信息；各联网基地温室环境信息、视频监控等数据；专家决策系统生成的专家决策意见；农产品市场价格信息；产品追溯信息。为农业管理部门提供生产动态信息、宏观决策服务；为生产经营者提供技术咨询、专家决策、市场价格、远程培训等服务；为消费者提供追溯查询服务。建立面向检测机构的检测业务管理平台，实现蔬菜、水果、谷物、畜禽等农产品质量安全检验业务，包括从样品的收取、传递，检验任务的分配、接收，检验结果登记，原始记录的自动分析计算，结果的校核、审核，检验报告的汇总生成，报告的审批、签发全过程的计算机自动化处理，并且提供快捷方便的信息查询、统计分析报表功能。

（4）面向消费者的蔬菜质量安全查询系统：蔬菜质量安全追

溯系统可以实现"从农田到餐桌"的全程可追溯信息化管理，利用区域农产品质量安全信息统一发布和查询平台，根据农产品"一物一码"标准，消费者可以通过短信、电话、POS机、网上查询、智能手机扫描二维码等查询方式，准确了解农产品从生产、加工、物流、仓储、销售等全过程的信息，选择放心农产品。

7. 如何利用信息技术构建新型农业经营主体信用体系？

构建新型农业经营主体信用体系是农村信用体系的重要组成部分，是农业综合配套金融改革支持农业发展的需要，涉及经营主体的信息采集、信用等级评定、信息应用和共享机制等方面（李道亮，2012b）。运用互联网技术及时、全面地获取经营主体的征信记录、民间信用信息等，既有利于金融机构准确确定经营主体的信用评级，控制金融风险，又能使信用等级高的经营主体较容易取得金融资本的支持，降低融合成本及时间成本，实现金融机构与新型农业经营主体的双赢。

新型农业经营主体的信息采集包括征信记录采集、金融机构已产生信用信息采集及民间信用信息采集等内容（苏昕，2007）。在采集征信记录时属于家庭农场和种养大户的，采集家庭农场主和种养大户户主的个人征信记录。属于农民专业合作社的，如果合作社在人民银行办了贷款卡，则同时采集合作社的征信记录和法人代表或牵头人的个人征信记录；没有办理贷款卡的，则采集合作社法人代表、主要成员的个人征信记录。采集在金融机构已经产生的信用信息时无论是经营主体本身还是经营主体的主要牵头人、负责人、家庭农场主、种养大户户主，如果在金融机构有过不良信用历史，则要慎重考虑将其评为高级别的信用等级。采集民间信用信息包括走访、暗访等形式，采集经营主体本身或主体的主要牵头人、负责人以及家庭农场主、种养大户户主在生产生活周围、左邻右舍、业务合作伙伴、生产资料采购地等群体中的信用、人缘、口碑等情况。利用互联网信息管理平台，可以快速、全面、方便地综合评定新型农业经营主体的信用情况，促进金融对新型农业经营主体的支持。

◆ 参考文献

白红武,孙爱东,陈军,等,2013.基于物联网的农产品质量安全溯源系统[J].江苏农业学报,29（2）:415-420.

广德福,2015.构建农产品质量安全可追溯体系的解决思路[J].农村工作通讯（23）:50-51.

郝建强,欧阳喜辉,2013.农产品质量安全[M].北京：中国农业科学技术出版社.

侯春生,夏宁,2010.RFID技术在中国农产品质量安全溯源体系中的应用研究[J].中国农学通报,26（3）：296-298.

李爱军,李晋瑶,2014.基于物联网的生猪肉安全溯源系统应用研究[J].考试周刊（62）:195-196.

李道亮,2012a.中国农村信息化发展报告：2011[M].北京：电子工业出版社.

李道亮,2012b.农业物联网导论[M].北京：科学出版社.

苏昕,2007.我国农产品质量安全体系研究[M].北京：中国海洋大学出版社.

魏霜,2013.物联网技术在农产品质量安全追溯中的应用[J].中外企业家（10）:130-131.

颜波,2012.农产品物联网研究与应用[M].北京：电子工业出版社.

张丽,余华,马新明,2010.基于物联网的农产品质量安全信息系统平台[J].中国科学(信息科学)（S1）：220-229.

赵春江,2005.农产品物流存在的问题和对策[J].天津商学院学报,25（3）:41-44.

中国智慧农业网.农产品质量监管及追溯解决方案[EB/OL].(2015-08-04).http://www.chinacwa.com/chcontents/jjfa/201584/738.shtml.

第八章
"互联网+"农业电子商务

1. 什么是农业电子商务？

广义的电子商务定义为，使用各种电子工具从事商务活动；狭义的电子商务定义为，主要利用网络从事商务活动。无论是广义的还是狭义的电子商务的概念，电子商务都涵盖了两个方面：一是离不开互联网这个平台，没有了网络，就称不上为电子商务；二是通过互联网完成的是一种商务活动。人们一般理解的电子商务是指狭义上的电子商务。农业电子商务指的是在网络上买卖农产品及种子、化肥等农资等，广义上讲还包括将各种生产消费品卖到农村（图8-1）。

图8-1　农村淘宝

目前，我国农民约占全国人口的2/3。长期以来，农产品流通主要是通过农贸市场交易，远远不能满足农民的需求与供应。随着科技与互联网的不断发展，电脑在人们生活中越来越普及，网络同样也渗透到各行各业，不少农民通过互联网查找农产品信息，进行网上交易。这种方式与传统交易形式相比，可以不受时间和地域的限制，其信息传播速度快，内容及时、丰富、图文声像并茂，并有良好的交互性，逐渐被农民朋友所认可。我国农村消费面临着选择范围小、受到购买数量限制、采购和运输等直接成本与时间精力等间接成本均较高、购买的商品没有严格的质量保证等诸多发展障碍，这些是提高农民生活水平和社会主义新农村建设急需突破的瓶颈。据中国消费者协会的调查统计，"31.3%的农民认为购买生活资料不方便，37.2%的农民认为购买生产资料不方便，国内有1/3以上的农民要跑到县及以上的市场去购买生产资料、消费资料"。电子商务能够缩短生产和消费的距离，被称为"直接经济""零距离经济"。电子商务的优点主要表现在降低交易成本、减少库存、缩短生产周期、增加商业机会，因此，能够有效地克服农业产业化经营中的不利因素，对我国农业产业化进程具有极大的促进作用（图8-2）。

图8-2 电子商务进农村的火车头带动作用

2. 农业电子商务有哪些作用？

发展农业电子商务，将充分发挥市场经济作用，便于生产者快速、直接地了解市场信息，从而有利于生产出适销对路的农产品，也避免了供需不平衡等，带动农业市场化。

电子商务的一个重要特征就是商品的品牌化和标准化，而我国在农产品尤其是鲜活农产品的品牌化和标准化体系建设上一直相对滞后，这已成为制约农业生产发展的一个重要问题。为了适应发展电子商务的需要，一方面要大力推进农产品品牌战略，加快实施农产品包装化、标准化和销售策略，梳理和完善农产品分等分级、质量追溯、包装、标识、采购、冷链、运输、储藏、批发、零售等环节标准，实现农产品质量等级化、包装规格化、产品品牌化（图8-3）；另一方面，应当尽快引导广大农民加快执行国家的有关农产品质量等级、重量和包装规格等标准体系，为实现农产品的电子交易奠定基础。

发展农业电子商务，用电子商务中介代替传统中介，能节约询价议价等各种交易成本和因信息不对称带来的各种不可预测的成本。利用电子商务平台，将会拓宽农产品销售渠道，从而实现农产品生产与交易的规模化、快速化与利益的最大化，最终促进农民不断增收（图8-4）。

综上所述，电子商务的出现不仅能帮助农民进行合理化生产，还能在一定程度上拓展农产品市场；不仅提高了农村产业的知名

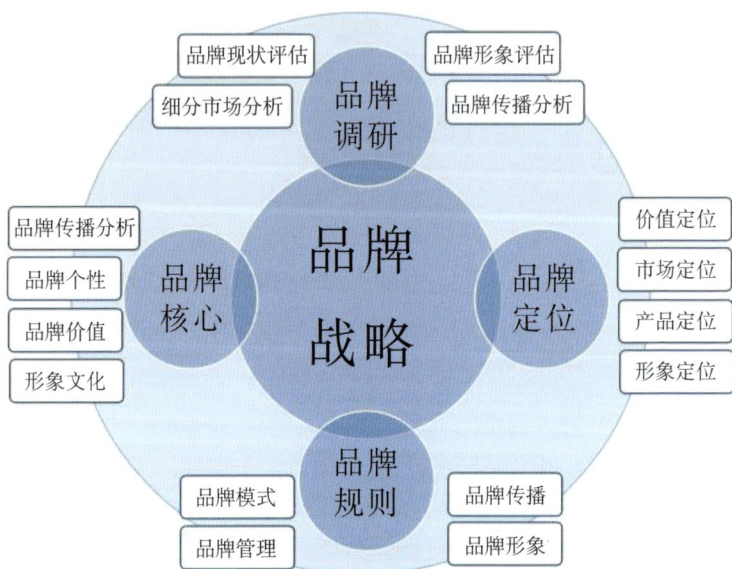

图8-3　品牌战略的关键要素

图8-4　农产品电子商务网站

度，还能推广新型农业生产技术、提高农村生产的创新能力，从而带动生产力的发展。农业电子商务迎合新时代农业产业转型期的需求，用电子商务的方式带动农业转型发展。电子商务是一种工具，也是一种新型的商业模式，随着其不断深入发展，农民可以更有效地捕捉市场信息，并对农产品生产、销售、储存、加工做动态分析，促进农业经济协调发展。

3. 从事农业电子商务需要掌握哪些技能？

从事农业电子商务需要既懂农业又懂电子商务的复合型人才。电子商务专业是融合计算机科学、市场营销学、管理学、法学和现代物流于一体的新型交叉学科（吴传淑，2014）。一方面，开展农业电子商务需要掌握计算机信息技术、市场营销、国际贸易、经济、管理、法律和现代物流的基本理论及基础知识，具有利用网络开展商务活动的能力和利用计算机信息技术、现代物流技术改善企业管理方法，提高企业管理水平能力的复合型电子商务高级专门人才。另一方面，开展农业电子商务必须要具备农业的专业素养。农业是典型的传统行业，具有地域性强、季节性强、产品差异大等特点，具有较大的自然风险和市场风险，农产品

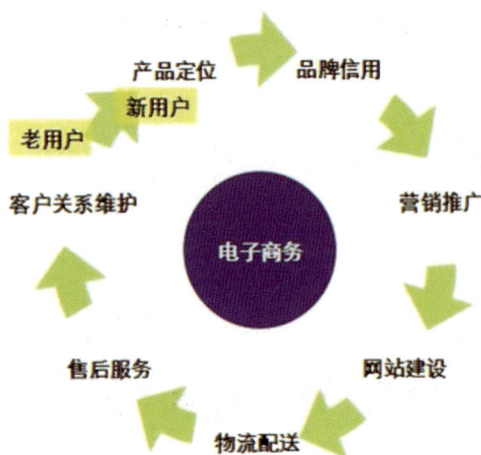

图8-5 电子商务运营流程

种繁多、数量庞大，生产的地域性和消费的普遍性之间的矛盾突出，受自然条件的制约和影响，农产品产量不稳定，供需之间矛盾经常出现，农产品的储藏和运输有一定的要求，大部分生鲜农产品对冷链运输依赖性较强（图8-5和图8-6）。

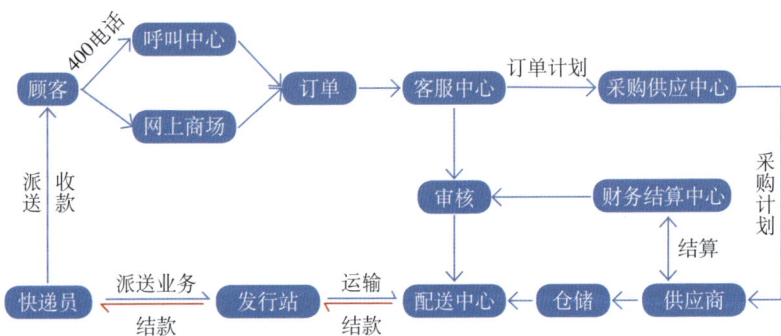

图8-6 电子商务行业业务流程

农业电子商务有四要素：平台、消费者、农产品（农资、农业消费品等）、物流。电子商务可提供网上交易和管理等全过程的服务，具有广告宣传、咨询洽谈、网上订购、网上支付、电子账户、产品传递、意见征询、交易管理等各项功能，各个环节电子商务从业者都应该有所掌握。

（1）广告宣传：电子商务可在网络上发布各类商业信息。客户可借助网上的检索工具迅速地找到所需商品信息，而商家可利用网上主页在全球范围内做广告宣传。与以往的各类广告相比，网上的广告成本最为低廉，而给顾客的信息量却最为丰富。

（2）咨询洽谈：电子商务可借助非实时的和实时的讨论组来了解市场和商品信息，洽谈交易事务。网上的咨询和洽谈能超越人们面对面洽谈的限制，提供多种方便的异地交谈形式。

（3）网上订购：通常都是在产品介绍的页面上提供十分友好的订购提示信息和订购交互格式框。当客户填完订购单后，通常系统会回复确认信息单来保证订购信息的收悉。订购信息也可采用加密的方式使客户和商家的商业信息不会泄漏。

（4）网上支付：电子商务要成为一个完整的过程，网上支付是重要的环节。客户和商家之间可采用银行卡、信用卡、支付宝等账号实施支付。在网上直接采用电子支付手段可省去交易中很多人员的开销。网上支付需要信息传输安全性控制，以防止欺骗、窃听、冒用等非法行为。

（5）电子账户：网上的支付必须要有电子金融来支持，即银行或信用卡公司及保险公司等金融单位要为金融业务提供网上操作的服务。而电子账户管理是其基本的组成部分。信用卡号或银行账号都是电子账户的一种标志。而其可信度需配以必要技术措施来保证，如数字凭证、数字签名、加密等，这些手段的应用提供了电子账户操作的安全性。

（6）产品传递：对于已付了款的客户应将其订购的货物尽快地送到客户手中。货物无论在本地还是异地，电子商务都能在网络中进行物流的调配。

（7）意见征询：电子商务能十分方便地采用网页上的"选择""填空"等格式文件来收集客户对销售服务的反馈意见。这样使企业的市场运营能形成一个封闭的回路。客户的反馈意见不仅能提高售后服务的水平，更使企业获得改进产品、发现市场的商业机会。

（8）交易管理：整个交易的管理将涉及人、财、物多个方面，企业和企业、企业和客户及企业内部等各方面的协调和管理。因此，交易管理是涉及商务活动全过程的管理。随着电子商务的发展，将会提供一个完善的交易管理网络环境和多种多样的应用服务系统。

4. 农业电子商务发展基础环境包括哪些内容？

（1）政策与法律环境：电子商务的发展与运行需要有良好的政策与法律环境，为引导和推进电子商务的发展、调节和规范电子商务行为，目前，我国从不同角度对电子商务发展所面临的政策与法律问题进行了研究，已经或正在制定和实施了相关电子商务政策与法规。2016年12月19日，十二届全国人大常委会第二十五次会议初次审议了全国人大财经委提请的《中华人民共和国电子商务法（草案）》。

为推进农业电子商务的发展，相关部委也积极制定了一些政策。2015年9月，农业部、国家发展和改革委员会、商务部联合印发《推进农业电子商务发展行动计划》的通知，提出了发展农业电子商务的指导思想、基本原则和总体目标，并明确了5方面重点任务和20项行动计划。2016年，农业部办公厅印发了《农业电子商务试点方案》的通知，积极探索"基地＋城市社区"鲜活农产品直配、"放心农资进农家"等农业电子商务新模式，农业部将于2016年在北京、河北、吉林、黑龙江、江苏、湖南、广东、海南、重庆、宁夏等10省（自治区、直辖市）开展农业电子商务试点。2017年，中央1号文件《关于深入推进农业供给侧结构性改革加快培育农业农村发展新动能的若干意见》出台，其中农业电子商务政策较为系统全面，在推进农村电商发展方面指出，"要促进新型农业经营主体、加工流通企业与电商企业全面对接融合，推动线上线下互动发展。加快建立健全适应农产品电商发展的标准体系。支持农产品电商平台和乡村电商服务站点建设。推动商贸、供销、邮政、电商互联互通，加强从村到乡镇的物流体系建设，实施快递下乡工程。深入实施电商进农村综合示范。鼓励地方规范发展电商产业园，聚集品牌推广、物流集散、人才培养、技术支持、质量安全等功能服务。全面实施信息进村入户工程,开展整省推进示范。完善全国农产品流通骨干网络,加快构建公益性农产品市场体系,加强农产品产地预冷等冷链物流基础设施网络建设,完善鲜活农产品直供直销体系"。

(2)经济环境:近年来,在国家大力推进信息化和工业化融合的环境下,我国服务行业、企业加快信息化建设步伐,电子商务应用需求变得日益强劲,很多非常传统的行业领域在开展电子商务应用方面取得了较好的成绩。农村信息化取得了可喜的成绩,创新电子商务应用模式,涌现出一批淘宝店,一些村庄围绕自身的资源、市场优势开展特色电子商务应用。

(3)网络环境:电子商务发展的先决条件就是互联网的高普及率,农业电子商务发展也是如此。中国互联网络信息中心(CNNIC)发布的第40次《中国互联网络发展状况统计报告》(以下简称《报告》)显示,截至2017年6月,中国网民规模达到7.51亿,占全球网民总数的1/5。互联网普及率为54.3%,超过全球平均水平4.6个百分点。

(4)物流环境:快递作为农业产业链中至关重要的一环,直接影响农产品是否能及时从农田里运出来,影响农产品的新鲜品质和农产品的最终定价,最终也影响到农民的利益和市民的食品安全。《中国交通运输发展》白皮书统计显示,近年来我国快递业持续高速发展,已连续6年保持50%左右的增速。2016年业务量突破300亿件大关,与上年相比实现了100亿件的增长,继续稳居世界第一(图8-7)。目前,我国乡镇快递网点平均覆盖率已达80%。到2020年我国乡镇快递网点将做到百分之百覆盖,借此打造工业品下乡、农产品进城的双向流通渠道,带动农村消费。

(5)电子支付环境:金融体系是商务活动的基础保证,电子商务的支付与结算需要电子化金融体系的密切配合。网上支付是指通过互联网实现的用户和商户、商户和商户之间在线货币支付、资金清算、查询统计等过程。网上支付的快速发展加快了电子商务的发展,据《报告》显示,截至2017年6月,我国使用网

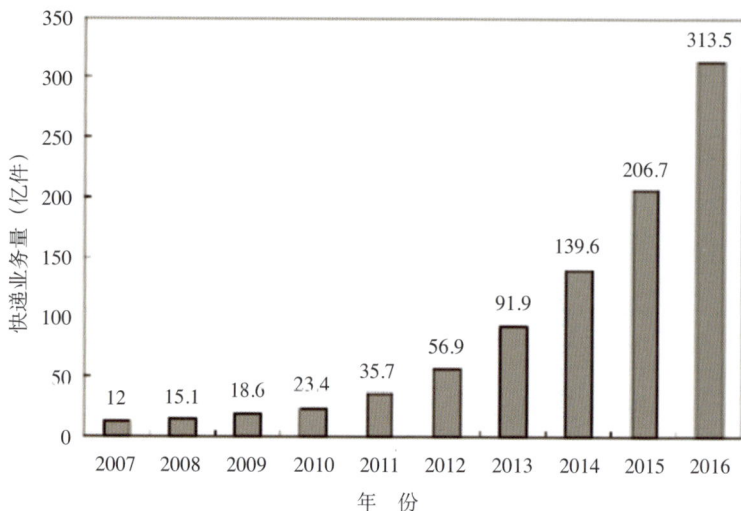

图8-7　2006—2016年快递业务量

上支付的用户规模达到5.11亿，较2016年12月，网上支付用户增加3 654万人，半年增长率为7.7%，我国网民使用网上支付的比例从64.9%提升至68.0%。其中，手机支付用户规模增长迅速，达到5.02亿，半年增长率为7.0%，网民手机网上支付的使用比例由67.5%提升至69.4%（图8-8）。

图8-8　网上支付／手机网上支付用户规模及使用率

除了政策法律环境、经济环境、网络环境、物流环境以及电子支付环境外，完善农业电子商务发展基础环境，还要加强加工、包装、冷链、仓储等基础设施建设，推动农产品分等分级、产品包装、业务规范等标准体系建设。

5. 发展农村物流有哪些瓶颈和措施？

发展农村物流，不仅仅关系到农业的生产资料供给、农民日用工业品需求，更关系到农产品的对外流通甚至是农民的收入增长。发展农村物流、加快农产品流通、打通农产品流通的"最后一公里"，对促进传统农业向现代农业、商流向现代物流转变，具有重要的现实意义。物流是现代经济核心之一，农村物流的发展水平是决定经济发展的重要因素之一，农村物流与城市物流相比较，农村物流具有分散性、季节性、差异性、多样性等特点。完善农村物流服务体系，把农村的东西送到城市去，把城市的东西送到农村来，不仅缩小了城乡差距，还促进了农产品贸易和农村市场发展，对发展现代农业、繁荣农村经济和促进农民增收都具有重要作用（伊周国际瑾岚物流，2016）（图8-9和图8-10）。

虽然农村物流发展很快，但农产品市场体系仍不健全，国家级市场、区域中心市场和田头市场总体数量不足，市场间联系不紧密（潘晓国，2016）。物流运营主体规模较小，组织化程度较低，竞争力不强，物流基础设施落后，市场信息服务不到位。农产品季节性生产的特点导致集中大量上市，"卖难""买贵""增产不增

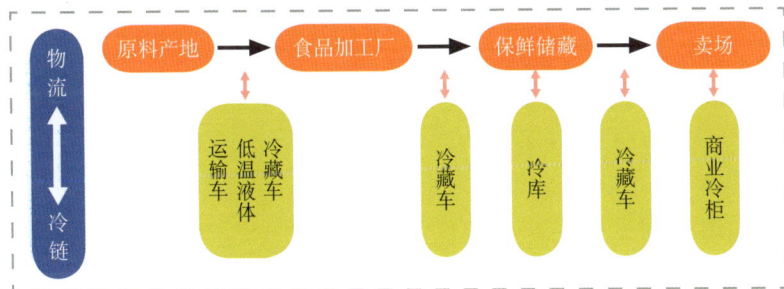

图8-9 农村（农产品）物流流程

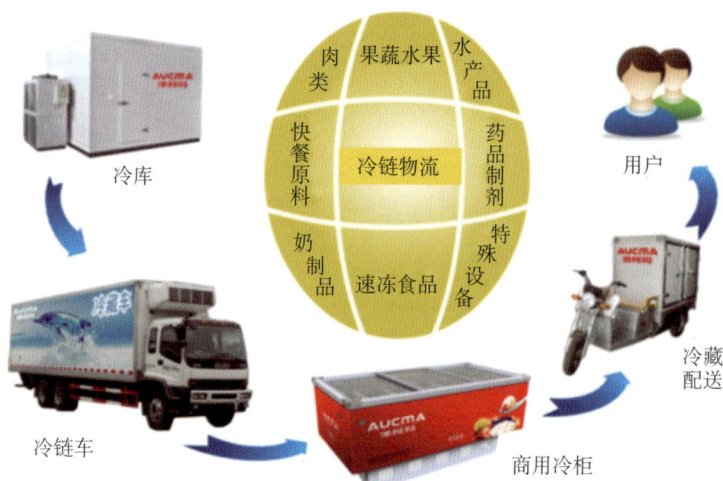

图8-10 冷链物流流程

收"等现象时有发生。物流技术落后，生鲜农产品冷链运输设施设备缺乏，导致农产品产销衔接不畅，产后损失较大，加之物流成本居高不下等，都制约了农业发展和农民增收。

加快推进农村物流发展的措施：

（1）完善农产品市场体系：围绕打造产品集散中心、价格形成中心和加工配送中心，建设一批国家级市场；在省级优势特色农产品生产区，建设一批区域性市场；打破物流资源的部门分割和地区封锁，破除区域歧视性政策，加快形成统一开放市场。加大产销衔接力度，推广"农社对接""农超对接""农校对接"以及周末菜市场等直供直销模式，减少流通环节，降低流通成本。

（2）培育壮大物流运营主体：物流运营主体和配送模式是决定农村物流运营效率的核心要素。未来发展农村物流，需要加快培育农村物流运营主体。积极引入专业的第三方物流企业和发展共同配送模式，既有利于物流运营的专业化和规范化，又能提高物流资源的利用效率、降低物流成本，创造农产品的第三利润源。同时，还要创造有利的制度和市场环境，支持和培养农村物流龙头企业的发展，发挥其规模大、功能全、技术先进、现代化程度高的优势，对农村物流发展起示范带动作用。

（3）加快培育农产品综合加工配送企业和第三方冷链物流企业：鼓励物流企业跨部门、跨地区整合农村物流资源，引导物流企业通过兼并、重组、联合、合作等方式扩大规模，提高竞争力；鼓励和引导物流企业与农产品市场签订长期服务合同，形成纵向一体化模式，提高流通的组织化程度。支持农民专业合作社、农产品专业协会、农村经纪人、农产品流通企业、农村市场物流服务企业等流通主体建设，形成主体多元、功能协调、相互配套的农村物流队伍体系。发挥邮政系统点多面广的优势，为农村物流做好服务。

（4）加强基础设施与人才建设：基础设施建设是发展现代物流业的关键，包装、流通加工、运输、装卸搬运、信息处理等每一项物流功能的具体实现，都有赖于物流基础设施的建设和物流技术的投入。加强产品配送中心、冷链运输、冷库储藏、产地预处理等流通基础设施建设，提高流通能力。支持农产品质量检测体系和安全追溯体系建设，加大质量安全投入，对产加销各环节设施设备进行升级改造。加强信息基础设施建设，建立农产品供求信息采集发布机制，强化农产品价格监测预警，依托互联网和物联网大力发展农产品现代流通方式和新型流通业态，积极发展农产品电子商务。

（5）信息化是现代物流发展的必然趋势：随着互联网的快速发展，电子商务产业发展迅速，与之配套的物流专业人才紧俏。在未来农村物流信息服务平台建设中，需充分发挥信息技术对于推动农村物流发展的积极作用，利用已有的互联网技术，加强通信网络硬件的基础设施建设，打造农村物流综合性信息服务平台。努力实现农产品生产者（农户和生产企业）、流通企业和物流运营主体之间共享资源、共用信息。企业可通过集中培训、现场观摩、相互交流等多种方式，加强农村物流管理和经营人才培养，提高物流运营主体的管理和运营水平。加强适合农村特点的物流基础设施设备研究开发，重点开展精深加工、包装储藏、产后减损、质量检测、冷链冷藏、保质保鲜、信息收集分析等技术的研发和推广应用。通过合资、合作等方式，引进外资物流企业，学习其先进技术和管理经验，加快提升农村物流企业的经营管理水平，走出一条符合实际的农村物流发展路子，带动农村经济发展。

6. 批发市场信息化建设包括哪些内容？

批发市场信息化建设主要包括仓储物流、资产管理、经销商管理以及市场信息管理ERP系统、电子商务平台、农产品批发市场大数据平台、农产品质量安全追溯管理系统等。①加快建立批发市场信息管理ERP系统，有助于夯实批发市场信息化基础。②加快电子商务平台建设，提高电子商务基础设施发展水平，推动市场实行电子结算，为市场提供现代化的支付结算环境，鼓励自建电子商务平台或推动电子商务企业入驻批发市场开展集货经营，打造线上批发市场，全面对接线下批发市场，形成批发市场相关信息资源的集聚效应，构建产销对接服务平台，创新对接模式和机制，提高农产品流通效率，促进农产品供应均衡和价格平稳。③推动农产品批发市场大数据系统建设和应用，形成覆盖产品来源、品种、规格、质量、价格、数量、流向等农产品流通各环节数据标准体系，为大数据汇聚、分析和应用提供基础，面向农民、农业生产经营主体、消费者及政府部门提供决策支持，提升市场信息预测预警能力。④推进农产品质量安全追溯管理系统进一步完善，探索建立数据交换与信息共享机制，推动实现已建追溯系统与国家追溯平台的有效对接和融合，实现全国农产品质量安全追溯管理"一盘棋"，开展国家农产品质量安全追溯管理信息平台与批发市场大数据平台整体对接，提供农产品质量安全追溯信息查询服务。

农产品批发市场大数据平台建设共享开放的云服务平台，实现各种信息资源在不同应用之间的互通共享，实现平台资源的有效配置及线性扩充，适应数据资源和业务流程的变化（图8-11）。该平台主要业务建设内容包括接入中心、数据中心、分析中心和服务中心。接入中心完成批发市场大数据平台的数据汇聚，负责

图8-11 农产品批发市场大数据平台业务架构

采集批发市场、第三方质量追溯等数据，实现信息调度、业务集成管理与各类关联系统的对接，开展各类专项信息调度和监测，构建数据源体系，支撑大数据获取。数据中心完成农产品批发市场大数据平台的数据审核、数据清洗、数据存储计算与管理、数据安全与备份等。分析中心完成对各类农产品数据的多维数据展现和大数据专业分析，主要是建立数据集市和各类数据分析、预测预警模型库，实现对重点产区、重点品种的季节性、区域性供销情况分析、价格波动预测分析和农产品价格指数分析等，为宏观和微观、远期和近期不同层面的需求单位提供决策参考。服务中心以云服务和个性化方式，通过平台大数据分析成果的输出和展示，服务于各类用户。

7. 农产品跨境电子商务的现状和特点？

近年来，国内各类电子商务相继开通农产品跨境交易平台，甚至各国驻华机构也踊跃与国内各大电子商务平台合作，促进了我国跨境电子商务的农产品贸易发展（图8-12）。而在当下传统农产品贸易发展趋缓、贸易环境日益恶化的情况下，发展农产品跨境电子商务则有利于重塑农产品贸易链，有效减少贸易

图8-12　跨境电子商务

中间环节和农产品流转成本，提高农产品贸易效率。同时，也有利于加快我国转变农产品贸易方式，加速农产品贸易转型升级。

（1）农产品跨境电子商务发展迅速：近年来，中国农产品跨境电子商务快速发展，eBay、亚马逊、阿里巴巴、敦煌网、兰亭集势等跨境电子商务平台相继发力，农产品跨境交易量显著增长。2013年起，进口农产品（跨境生鲜交易等）又成为新的跨境电子商务热点，淘宝天猫、京东商城、我买网、1号店、"我要跨境购"相继开通海外农产品贸易频道，2014年上海自贸区也开通了"跨境通""报税店.com"两个农产品跨境电子商务平台，农产品入境交易量同比快速增长。据阿里巴巴平台数据，2013年农产品入境交易同比增长近61%，而1号店2013年就已引进了全球近70个国家的2万种商品，进口量非常大。另据美国食品工业协会预测，到2018年，中国将成为全球最大的进口食品消费国，届时中国进口食品市场规模将高达4 800亿元，这也势必进一步促进中国农产品跨境电子商务的快速发展。

（2）参与主体更多元化，信息沟通更顺畅："互联网+"时

代,跨境电子商务农产品贸易的参与者不仅有外贸企业、工厂,还有品牌商家、小微企业、个体商户和直接消费者,参与主体日趋多元化。各类农产品贸易信息在跨境电子商务平台与全球企业和消费者及时公开与共享,不受地域与时间限制。通过平台互动,国际卖家及时掌握不同地区消费者对农产品的多样性需求,通过跨境电子商务网上预售等手段,还可有计划地安排农产品生产与跨境交易;国际买家通过平台可以方便地接触到更多国家和地区提供的多样性、高品质农产品,选择面更广,选择也更多了。同时,通过对相关农产品的质量、价格、服务等信息进行在线对比,农产品跨境交易的针对性和效率都提高了。2015年11月,国际性大型农产品垂直电子商务平台"全求吃"上线运行,其致力于"互联网+"现代农业的创新发展,围绕农业全产业链,搭建国内外农产品食品流通大平台,将实现农业全产业链数据互联互通和优质特色农产品的均衡供应。

(3)农产品贸易呈现小批量、多批次的特点:跨境电子商务平台具有信息畅通、商品丰富且更新及时、交易便捷等优势,促使小额批发或零售的跨境电子商务农产品交易激增。据阿里研究院统计,2013年,其电子商务平台上农产品出入境交易同比分别增长81%和61%。2014年,其零售平台上经营农产品的卖家数量已达75万个,与此对应,农产品电子商务交易规模也再创新高,阿里巴巴平台完成农产品销售额达483亿元,较上年增长70%。正是由于跨境农产品贸易"小额、多频"的特点,对于中小微企业来说,有利于其及时周转资金,控制风险,适时调整营销策略;对于个人消费者来说,不仅可以满足其个性化、多样化需求,小额的农产品跨境交易风险较小,更乐于尝试。

(4)多元化新兴市场国家进一步拓展:随着互联网的普及,农产品贸易的产品信息与服务信息在全球市场广泛扩散,再伴随着淘宝、亚马逊、eBAY、PAYPAL等在全球新兴市场的开拓和快速发展,使得我国农产品国际贸易、跨境零售交易机会增多。与此同时,跨境电子商务企业及服务企业不断向农产品跨境营销、通关商检、物流、支付等产业链其他环节延伸，有机整合信息流、商流、物流、资金流等多方资源，促进了农产品贸易的一体化服务。尤其是农产品跨境电子商务中流通环节的减少，使产业链和生态系统服务链更加完善，国内外买卖双方更加便捷、及时地沟通与交易，使得农产品进入市场的壁垒降低了，农产品的贸易市场更进一步多元化，促进了多边贸易的发展和新兴市场的开拓，包括东南亚国家、俄罗斯、巴西、印度、土耳其、南非新兴市场国家不断涌现，使得原有以欧美市场为主的农产品贸易格局开始松动，这也将有效降低单一市场的竞争压力，不断拓展市场空间（丁钰，2016）。

◆ 参考文献

丁钰，2016.我国跨境电商农产品贸易发展的特点与制约因素分析[J].对外经贸实务（4）:36-39.

国务院新闻办公室，2016.中国交通运输发展[EB/OL].（2016-12-29）.http://www.gov.cn/zhengce/2016/12/29/content_5154095.htm#1.

农业部办公厅，2016.农业部办公厅关于印发《农业电子商务试点方案》的通知：农办市[2016]1号[EB/OL].（2016-01-13）.http://jiuban.moa.gov.cn/zwllm/tzgg/tfw/201601/t20160118_4988374.htm.

农业部，等，2015.农业部 国家发展和改革委员会 商务部关于印发《推进农业电子商务发展行动计划》的通知：农市发[2015]3号[EB/OL].（2015-09-06）.http://jiuban.moa.gov.cn/zwllm/ghjh/201509/t20150922_4838810.htm.

潘国尧，2016.农村电商的物流痛点[J].中国物流与采购（11）：58-61.

涂同明，等，2011.农业电子商务[M].武汉：湖北科学技术出版社.

吴传淑，2014.重庆市农业电子商务发展现状及未来期望[J].时代金融（23):63-63.

伊周国际瑾岚物流，2016."互联网＋"农村物流发展之路该如何走[EB/OL].（2016-09-20）.http://mt.sohu.com/20160920/n468780379.shtml.

中共中央，国务院，2017.中共中央 国务院关于关于深入推进农业供给侧结构性改革 加快培育农业农村发展新动能的若干意见：中发[2017]1号[EB/OL].（2017-02-05）.http://www.gov.cn/zhengce/2017-02/05/content_5165626.htm.

中国互联网络信息中心，2017.第40次《中国互联网络发展状况统计报告》[R].

第九章
"互联网＋"美丽乡村

1. 如何利用信息技术加强农村资源、生态、环境的监测和保护?

　　农村环境质量指的是农村人居环境质量及与农业生产密切相关的环境质量。一般来说,农村环境状况调查包括以下内容:地理位置、自然特征、水文状况、土壤森林植被、土地利用情况、社会经济情况、工业污染情况、农业污染情况、生活污染情况、污水集中处理情况和垃圾处理情况等。农业生态环境保护重点是对工矿企业区、大中城市郊区、污灌区等农产品产地环境进行定位监测,在种植业、畜禽养殖业、水产养殖业、乡镇企业、农垦、农机等行业示范推广农业农村节能减排技术,提高能源利用效率,减少污染物排放;利用现有的定位监测点,开展农业面源污染监测。同时,进行环境治理、清洁和修复(图9-1)。在农村生态环境监测和保护中,要充分利用网络、大数据、云计算、物联网等技术来建立智能管理模式,促进农村生态环境的可持续发展

图9-1　环境治理清洁修复

（杨茜，2014）。例如，可通过物联网技术实现农业生产养殖的节本增效和环境的在线监测。

信息技术在加强农村资源、生态、环境的监测和保护方面主要有以下作用。一是促进农业发展方式转变。要加强信息技术等农业科技进步，不断提高农业科技的自主创新能力、成果转化能力和农业技术推广服务能力，不断提高科技成果贡献率和资源利用率。利用网络、手机等平台，着力培养新型职业农民，壮大新型农业经营主体，努力培养一大批有文化、懂技术、善经营、会管理的新型农民。二是加强农业环境保护。利用农业物联网等信息技术发展精准管理，重点是推广节约型技术，加大面源污染防治力度，改善农业生态环境。从源头预防、过程控制和末端治理等环节入手，开展农业面源污染定位监测。加快开展规模化畜禽养殖污染治理，减少污染物排放量，实现资源的节约和清洁生产。三是加强农业资源保护。利用遥感、地理信息系统等技术，加强对耕地、草原、渔业的实时监测，重点是加强耕地、草原、渔业等资源合理利用和保护，实现可持续发展（陈晓华，2013）（图9-2）。

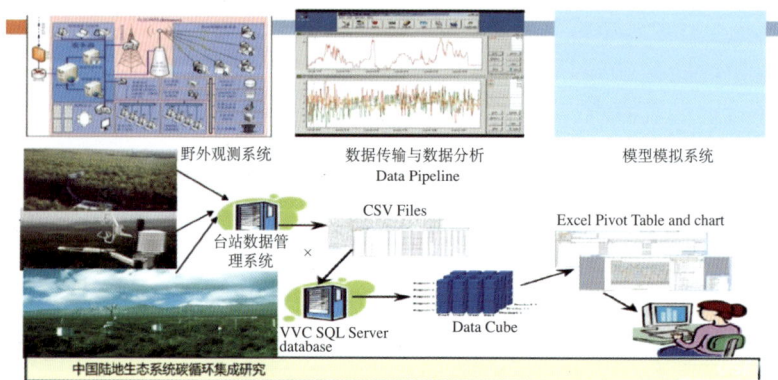

图9-2　生态环境监测系统

2. 什么是农村集体"三资"监管平台？

农村集体"三资"是指农村集体资金、农村集体资产和农村集体资源。农村集体资金是指农村集体所有的货币资金，包括现金和银行存款。农村集体资产是指农村集体投资兴建的房屋、建筑物、机器、设备等固定资产，水利、交通、文化、教育等基础公益设施，以及农业资产、材料物资、债权等其他资产。农村集体资源是指法律法规规定，属于集体所有的土地、林地、山岭、草地、荒地、滩涂、水面等自然资源（图9-3）。

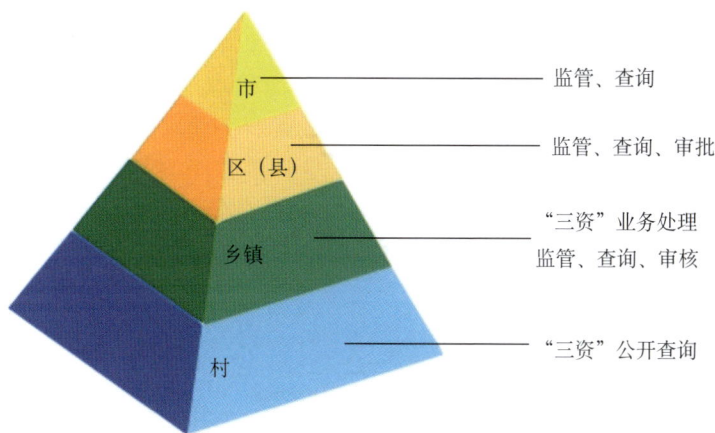

市 —— 监管、查询

区（县）—— 监管、查询、审批

乡镇 —— "三资"业务处理 监管、查询、审核

村 —— "三资"公开查询

图9-3 · 农村集体"三资"管理金字塔结构

农村集体"三资"监管平台是通过网络的形式，加强农民群众对财务等工作的监督，扩大知情权、参与权、监督权，实现民主化管理；采用信息技术促进优化农村资源配置、推动传统农业向现代农业转型，使之成为培育现代农民的有效途径（图9-4）。最终通过平台的力量，改善农村信息滞后、发展缓慢的现状，逐步形成产权明晰、权责明确、经营高效、管理民主、监管到位的管理体制和经营机制，推动农村集体"三资"管理的制度化、规范化，实现农村集体"三资"的保值增值，防止农村集体"三资"

| 资金管理 | 资产管理 | 资源管理 | 合同管理 |

图9-4　农村集体"三资"监管平台

流失，推进农村信息化建设，提升农村财政管理水平，实现农民增收，加快推进新农村建设。

农村集体"三资"监管平台主要分为4个部分，一是资金管理，主要是依托"村账委托代理"，严格收入支出审核把关，随时掌握全镇或各村的代管资金数额。二是资产管理，主要建立资产台账，详细登记每一项资产的数量、价值和管理使用情况，对资产的使用情况进行监管，规范资产、资源管理，做到账账相符，对资产进行盘点，做到账实相符，并将资产、资源使用情况定期向村民公开，确保资产保值增值。三是资源管理，主要实现对可利用资源登记造册，建档立案，逐项登记，对资源管理实施全程监督，便于随时查询。四是合同管理，主要是建立"合同管理台账"，进行电脑录入，动态管理，通过台账掌握各村合同的基本内容和合同金额，以及合同履行情况等，及时发现违纪违规问题，统一招投标管理，对招投标过程进行记录和公布，接受社会监督，促进资源使用合理。

3. 什么是农村公共服务平台？

农村公共服务指的是公共就业服务、社会保障、义务教育、基本医疗卫生、公共文化体育等。农村公共服务平台指主要在行政村设置的、为广大农村居民公共生活和社会治理提供服务的综合性场所，是保障居民就近就便享受公共服务和实现社会源头治理的重要载体。平台一般应具备基本公共服务、社会治理和其他服务3类功能。其中，基本公共服务主要包括卫生计生、文化体育、就业社保、养老助残、妇儿关爱等；社会治理主要包括组织建设、党员活动、综治警务、司法调解、人口管理等；其他服务主要包括邮政信息、便民超市等（国家发展和改革委员会，2015）（图9-5）。

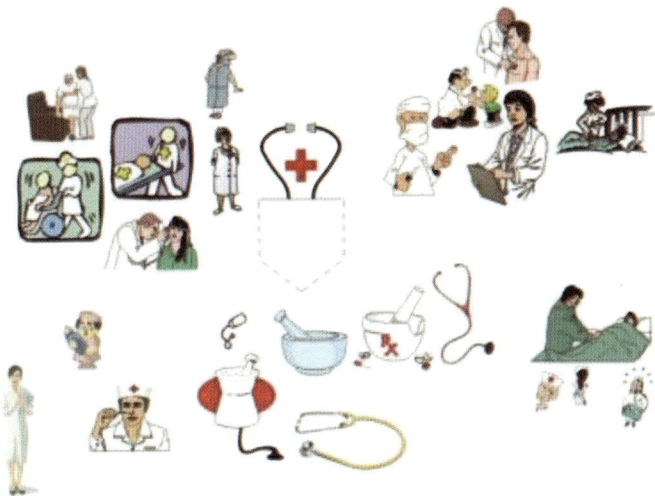

图9-5　农村医疗

　　农村公共服务平台应主要实现以下6个方面的功能：①围绕农业生产信息服务应用，重点建设农产品生产实时监控、农作物病虫害监测、自然灾害防范预警、农业科技咨询、农村水利、农村环保、农产品质量安全监管等专业性信息服务平台，为农业生产提供信息指导和保障。②围绕农业市场信息服务应用，重点建设农产品和农资的供求、价格、市场监测等专业性信息服务平台，为农产品生产和流通提供指导和保障。③围绕农业经营管理信息服务应用，重点建设农村"三资"管理、土地承包与流转等专业性信息服务平台，重点加强对农村"三资"的业务管理、动态监管和民主监督，健全土地流转的价格、运行、补偿和纠纷调解机制。④围绕农村社会管理，推进乡镇、村的政务、村务、财务公开，建设农村人口、社会、党群管理等专业性信息服务平台，提高农村社会综合管理信息化水平。⑤围绕"为农服务"，重点建设教育、卫生、社保、民政、计生、法律等以民生服务为重点的专业性信息服务平台，提供教育培训、医保健康、就业低保、直接补贴、农业保险、社会救助、法律咨询援助等"一站式"网上便民服务。⑥围绕"三农"咨询，重点建设政策建议、热点话题、经验交流等互动平台，满足农民和各类涉农组织咨询、求助、交流、监督、建议等个性化需求。

4. 什么是农村党员干部现代远程教育？

农村党员干部现代远程教育是面向农村培训农村党员干部，采取多种媒体方式进行系统教学和通信联系的教育形式，通过音频、视频（直播或录像）以及包括实时和非实时在内的计算机技术，把课程传送到校园外的教育形式。

农村党员干部现代远程教育以建设社会主义新农村为主题，以提高农村基层干部能力和保持农村党员队伍的先进性为重点，围绕中心，服务大局，建立健全农村党员干部现代远程教育网络体系，大规模培训农村党员干部和农民群众，大幅提高农村党员干部和农民群众的素质，为建设社会主义新农村提供思想政治保证、精神动力和人才支持。通过现代远程教育实现以下4个目标：一是农村党员作用充分发挥。广大农村党员通过学习理论和政策，保持共产党员先进性的自觉性进一步增强，带头致富、带领群众共同致富的本领进一步增强，在建设社会主义新农村中充分发挥先锋模范作用。二是农村干部能力不断增强。广大农村基层干部执行政策的能力、加快发展的能力、服务群众的能力、依法办事的能力、科学管理的能力和解决自身问题的能力进一步提高，在建设社会主义新农村中充分发挥骨干带头作用。三是农民整体素质不断提高。培养造就一大批掌握先进适用农业科技知识和技能、具有创业致富本领的实用人才和新型农民，使越来越多的农民成为有知识的文化人、讲道德的文明人、懂技术的内行人、会经营的明白人，在建设社会主义新农村中充分发挥主体作用。四是农村基层组织得到加强。推动大多数农村基层党组织实现领导班子好、党员干部队伍好、工作机制好、小康建设业绩好、农民群众反映好的目标，在建设社会主义新农村中充分发挥基层党组织的战斗堡垒作用。以村党组织为核心的村级组织配套建设进一步加强，党在农村的执政基础进一步巩固。

中共中央做出了在全国农村普遍开展党员干部现代远程教育的重大战略决策，专门成立全国农村党员干部现代远程教育工作领导协调小组，加强对远程教育的领导和组织协调工作；2010年12月，中共中央组织部成立党员教育中心，充实力量，负责全国远程教育工作。在中央高度重视下，中央有关部门和各省（自治区、直辖市）密切配合，从2003年起，历时8年的农村党员干部现代远程教育网络一体化建设任务圆满完成，建立了中央和省、市、县四级播出平台，建成了基本覆盖全国乡镇和村的70多万个终端站点，初步形成了从中央直达基层的远程教育网络体系。图9-6为广东省终端站点。远程教育在宣传党的路线方针政策、提高农村党员干部群众素质、促进农民增收致富和农村经济社会发展、加强农村基层组织建设等方面发挥了重要作用，成为夯实党在农村执政根基的基础工程、造福亿万农民群众的富民工程、建设社

图9-6　广东省农村党员干部现代远程教育终端接收站点

会主义新农村的创新工程。党员群众形象地说：远程教育是"直通车""连心桥""加油站""百宝箱"，和我们老百姓越来越亲近了（新华社，2012）。

5. 什么是农村远程医疗？

农村远程医疗是指通过以计算机技术，遥感、遥测、遥控技术为依托，充分发挥大医院或专科医疗中心的医疗技术和医疗设备优势，对医疗条件较差的农村地区的人员进行远距离诊断、治疗和咨询，它包括远程诊断、远程会诊、远程护理、远程教育、远程医疗信息服务等所有医学活动。从狭义上讲，包括远程影像学、诊断、会诊、护理等医疗活动。目前，远程医疗技术已经从最初的电视监护、电话远程诊断发展到利用高速网络进行数字、图像、语音的综合传输，并且实现了实时的语音和高清晰图像的交流，为现代医学的应用提供了更广阔的发展空间（图9-7）。

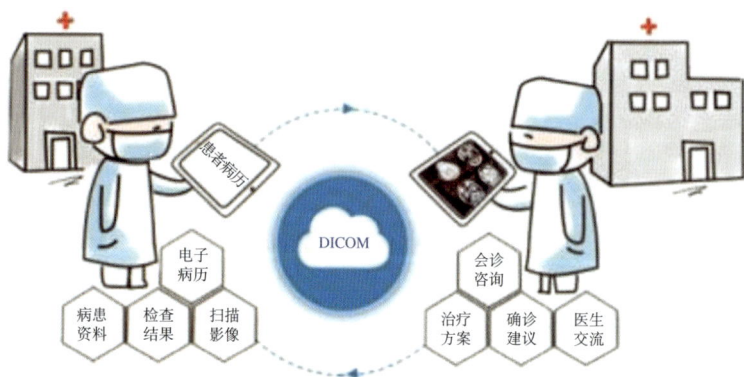

图9-7 远程医疗

远程医疗的应用范围很广泛，通常可用于放射科、病理科、皮肤科、心脏科、内诊镜以及神经科等多种病例（图9-8）。由于应用的目的和需求不同，在远程医疗系统中配置的设备和使用的通信网络环境也有所不同。远程医疗系统主要配置各种数字化医疗仪器和相应的通信接口，并且主要在医院内部的局域网上运行。

终端用户设备包括电子扫描仪、数字摄像机以及话筒、扬声器等。远程医疗教育系统与远程医疗系统相似，主要是采用视频会议方式在宽带网上运行。无论哪一种远程医疗系统，计算机和多媒体设备都是必不可少的。

图9-8　远程视频医疗

农村远程医疗的主要特点：一是在恰当的场所和家庭医疗保健中使用远程医疗，可以极大地降低运送病人的时间和成本。二是可以良好地管理和分配偏远地区的紧急医疗服务，这可以通过将照片传送到关键的医务中心来实现。三是可以使医生突破地理范围的限制，共享病人的病历和诊断照片，从而有利于临床研究的发展。四是可以为偏远地区的医务人员提供更好的医学教育。

农村远程医疗的意义：首先，在一定程度上缓解了我国专家资源、中国人口分布极不平衡的现状。我国人口的80％分布在县以下医疗卫生资源欠发达地区，而我国医疗卫生资源80％分布在大中城市，医疗水平发展不平衡，三级医院和高、精、尖的医疗设备也以分布在大城市为多。即使在大城市，病人也希望能到三级医院接受专家的治疗，造成基层医院病人纷纷流入市级医院，加重了市级医院的负担，最终导致医疗资源分布不均和浪费。利用远程医疗系统可以让欠发达地区的患者也能够接受大医院专家的治疗。另外，通过远程医疗教育系统也能在一定程度上提高中小医院医生的水平。其次，缓解了偏远地区患者转诊比例高、费用昂贵等问题。边远地区的病人，由于当地的医疗条件比较落后，危重、疑难病人往往要被送到上一级医院进行专家会诊。这样，到外地就诊的交通费、家属陪护费、住院医疗费等给病人增加了经济上的负担。同时，路途的颠簸也给病人的身体造成了更多的不适，而许多没有条件到大医院就诊的病人则耽误了诊疗，给病人和家属造成了身心上的痛苦。据调查，偏远地区患者转到上一级医院的比例相当高；平均花费非常昂贵，除去治疗费用外的其他花费（诊断费、各种检查费、路费、陪护费、住宿费、餐费等）需要数千元。而远程医疗系统可以让病人在本地就能得到相应的治疗，大大减少了费用。

6. 如何开展"互联网＋"乡村旅游？

通过互联网，乡村旅游能够在一定程度上实现互联网式的营销、管理和服务，并引入现代化的经营模式。借助互联网能够将多方乡村旅游信息集中起来，甚至对闲置的旅游资源进行盘活和创新，最终传递至游客端。乡村旅游属于小而美，碎片化严重，这就要求必须以互联网为依托，以更大的投入进行整合。众筹、互联网金融等都可以成为乡村旅游发展过程中的助力（图9-9）。

图9-9　腾讯为村："互联网＋乡村"

传统的乡村旅游要借"互联网+"发展升级,就要从旅游产品、营销模式、经营管理模式、软硬件和保障体系5大方面着手。

(1)旅游产品的升级:

①乡村旅游创意产品的融入:互联网时代,人们的消费已经进入到个性化消费时代,传统的农家乐已经不能满足消费者的需求,因此,乡村管理者一定要有创新意识,在信息的帮助下寻找产品创意,利用每个乡村拥有独特的民俗、特产和风貌去深度创意。目前在农产品创意领域,已经有"褚橙""卖檬"等创意品牌走出了一条路,通过"网络范儿"视觉与文字包装,品牌拥有了鲜活的生命力。

②新业态类型产品的拓展与开发:互联网时代下,要以全域化、特色化、精品化作为乡村旅游的发展理念,拓展与开发原乡休闲、国家农业公园、休闲农场、乡村营地、乡村庄园、乡村博物馆、艺术村落、市民农园、民宿等新业态类型,助推从乡村旅游到乡村旅游生活的转变。

③网络可视化产品的增加:在线上微信互动、网上订购、"关注抽奖""媒体网络互动、大众广泛参与",线下"野外踏青、景观垂钓、采摘乐趣、美酒佳肴、健身暴走、畅享自然"基础上,打造多种私人定制产品,通过网络可视化技术,提供乡村旅游产品的实时动态分享,让线上的消费者变为线下游客,线下游客变为线上消费的常客。

(2)营销模式的升级:

①化客体消费为主体宣传:从加强景区自身建设出发,充分考虑消费者需要,让游客在实地游玩中享受、归心,营造多个拍照点、点赞点、感悟点、分享点,借助互联网平台分享出去,实现化客体消费为主体宣传。

②线上线下齐头并进:乡村旅游营销模式要实现线上线下互动营销、融合营销、精准营销,在做好线下营销的同时,要加大线上营销的力度。做好网站建设、微信、微博、微商、团购等多

种互联网营销模式，除了提供乡村的地理位置、交通状况、旅游价格、自然风景、人文特色、村庄特色、民风民俗、住宿餐饮信息之外，还要能提供游客游览线路、时间安排、食宿安排等建议类信息，实现从"卖产品"，转变为营销乡村休闲生活方式。

③区域资源的整合营销：乡村旅游不是一家一户的各自为战，而是要实现资源的共享、形象的整合和市场一体化基础之上的整合营销，采取政府引导、舆论造势、企业实施、农户合作的营销策略，通过统一整合产品、统一编排线路、统一包装形象，实现村庄整体的"乡村旅游名片"，或者是区域范围乡村旅游目的地的综合感知。

（3）经营管理模式的升级：通过乡村旅游O2O模式，发挥互联网在游前、游中、游后的优势，实现线上线下紧密结合的高效管理。通过与农业开发公司或旅游网站合作，将闲置的乡村旅游资源进行度假租赁的分级、整合、规模化管理，实现旅游资源的在线展示和预订，同时借助平台影响力，通过APP与游客进行在线互动。完成线上信息展示、营销、互动、决策、预订、支付等乡村旅游游前的线上服务，到线下个性化、多元化的乡村旅游体验的闭环过程。

（4）软硬件的升级：要实现互联网与乡村旅游的融合，必须具备硬件和软件的双重保障。加快完善乡村智慧旅游基础条件，建立基础设施保障，提供完备的景点网络、交通、医疗卫生等基础设施。并结合乡村旅游的特色，整合乡村各项地理信息、人文资源信息，建立相应的智慧旅游基础服务系统，引进互联网技术人才，为乡村旅游提供技术服务支持。

（5）保障体系的升级：在现有旅游标准化工作的基础上，推动乡村旅游信息化标准建设，逐步建立标准统一、数据规范、持续更新的乡村旅游信息化标准。同时，建立健全乡村旅游信息安全保障体系，鼓励行业主管部门和相关旅游企业使用技术先进、性能可靠的信息技术产品，配合第三方安全评估与监测机构，加强政府和企业信息系统安全管理，构建起以网络安全、数据安全和用户安全为主的多层次安全体制，保障重要信息系统互联互通和部门间信息资源共享安全（唯美乡村，2016）。

7. 什么是农村互联网金融？

近年来，随着互联网技术的深入普及，通过互联网渠道和电子化手段开展金融业务的互联网金融发展迅猛，众筹融资、网络销售金融产品、手机银行、移动支付等互联网金融业态也在快速涌现。由于互联网低成本、高效率和无国界的特性，互联网企业纷纷以其技术优势和平台优势争先进入农村金融领域，填补了大量农村金融服务的空白。同时，长期服务"三农"领域的服务商，也纷纷利用互联网技术服务客户，形成了目前4类农村互联网金融服务主体："三农"服务商、电子商务平台、P2P平台和传统金融机构。"三农"服务商在农业产业领域深耕多年，积累了丰富的用户数据与客户资源，凭借客户信用数据的累积优势，插上互联网的翅膀，迅速地进入农村金融服务商行列，提供独特的农村互联网金融解决方案。电子商务平台积累了消费者的购买数据，收集了销售者和供应商的信用数据，数据已成为电子商务平台进入金融行业最大的优势。P2P平台通过互联网将资金需求端与资金供给端实现有效对接，是实现普惠金融的一个有效手段，其更加关注低端客户，而中国最庞大的低端客户群无疑是来自广大的农村地区，因此，这也是大量的P2P平台以农村居民为主要服务群体的重要原因。面对阿里巴巴、村村乐、宜信等互联网平台对农村传统金融服务商的冲击，以农村信用社、中国农业银行、中国邮政储蓄银行等为代表的传统金融服务机构，纷纷加大对农村互联网金融的投入，响应国家政策号召，全力推进农村普惠金融。

传统农村金融遭遇互联网金融，农村金融机构匮乏，农民享受金融服务难；农户筹集资金困难，金融资源配置扭曲；农村资金大量外流；融资成本与服务成本高；农户贷款难与信用信息缺乏；农村信贷坏账率高，金融机构捂钱惜贷；农村金融需求与服务错位等。互联网金融进军农村市场，在促进普惠金融发展，提升小微企业融资覆盖率，降低投资理财门槛等方面做出了巨大贡献。当农村、农业的现代化和信息化比例达到一定程度，互联网金融便可利用大数据嵌入农村新经济，进而将带动整个农业行业出现新的爆发式增长。互联网金融对传统农村金融发展互补点在于：互联网金融发挥门槛低、效率高等多重优势，将服务切入到农业产业链的各个环节，缓解金融需求与供给不匹配的矛盾，提高金融配置的效率；网上支付、移动支付等新的支付模式改善用户对实体网点依赖和服务体验差等问题；互联网金融与农村传统金融实现快速、有效结合，将加快农村金融的发展。

目前，虽然互联网金融整体体量还小，在农村更小，但是，互联网金融在服务客户多样化和个性化需求方面的突出能力使得金融服务的成本可以有效降低，是对传统金融机构的有益补充。面向未来，立足广大农村，互联网金融有两个大的机遇。第一个，是必要前提，技术的成熟和数据的积累使得服务于农户成为可能。金融业有独特的业务逻辑，需要把核心的金融能力，包括风险控制、反欺诈等核心能力抽取出来，使得方便、快捷地满足客户个性化需求和适应多样化场景成为可能，这对传统金融机构的农村金融服务是有益的补充。大数据依托机器的自我学习能力，使用"爬虫"在网上24小时不间歇地获取用户公开的信息，使得精准获客（获得客户）和随时授信成为可能，客户获得极致的体验。第二个，"80后""90后"成为社会的主体，他们是产业结构中最活跃的群体，也是消费结构文化活动中最活跃的人群。"80后""90后"对社会和生活的评价有自己的参照体系，他们在比较开放的时代成长起来，对世界有更多的了解，他们更多依赖网络获取信息、消费和社交。

目前，农村互联网金融的切入点主要包括互联网借贷、互联网保险等。而在这些方面，互联网巨头已经开始在农村市场实践起来。互联网借贷方面，2015年6月底，阿里巴巴集团旗下网商银行正式开业，号称"中国第一家核心系统基于云计算架构的商业银行"。其特点为全线上运营，主要针对小微企业、个人消费者和农村8亿用户三大目标客户群体。尤其是农村8亿用户，阿里巴巴集团高层表示，希望用互联网的方式来突破时空限制，让服务的触角不再是"鼠标+水泥"的模式，而是通过手机把"最后一公里"的服务送到老百姓手上。2015年9月18日，京东金融发布农村金融战略。同时，京东农村信贷品牌"京农贷"正式发布，包括农资信贷和农产品信贷两大产品线。

在互联网保险方面，中华联合财产保险股份有限公司（简称中华财险）目前已在"互联网+农业保险"的道路上进行了深入探索。与农业农村部信息中心共同成立的"农业保险地理信息技术联合实验室"为依托，建立以互联网运用、卫星遥感、无人机航拍及手持移动设备共同组成的"天、空、地"一体化查勘定损的种植险应用体系。与中国农业科学院共同成立的"农业风险管理与农业保险创新联合研究中心"为依托，探索利用移动互联网、3S、云计算等技术，成功打造养殖险"农险通"系统。2015年通过该系统处理了理赔案近40万件，实现了服务效率和理赔质量的提高。

《2015中国农村互联网金融报告》指出了农村互联网金融的3个发展方向：首先，信贷为主，投资理财为辅。要充分利用互联网的优势，丰富农村互联网金融产品，整合农村闲散资金和小资金量，以农村资金助力农村经济发展，释放农村金融需求，促进农村经济发展。其次，竞合推动，实现普惠金融。农村传统金融和互联网金融并非只有竞争，而应相互补充、携手并进。只有传统金融的深度与互联网金融的广度结合，才能创造农村金融新生态，落实国家普惠金融战略。第三，大数据成就大信用金融。大信用金融关键在于"大"，源于大数据科学的应用。大信用金融在个人信用评定工作中能够节约时间，快速计算个人信用给予金融支持，大大提高金融效率，真正实现信用经营与资金经营的分离，推动农村互联网金融健康发展（中国经济体制改革研究会金融新常态课题组，2015）。

◆ 参考文献

陈晓华, 2013.加强农业资源环境保护,促进农业可持续发展[J].行政管理改革
(3) .

国家发展和改革委员会, 2015.关于农村基层综合公共服务平台统筹发展的
指导意见[EB/OL]. (2015-12-16) . http://www.nmgfgw.gov.cn/xxgk/ztzl/zxzt/
sgqm/jcdzzjs/201512/t20151216_113473.html.

新华社, 2012.全国农村党员干部现代远程教育网络建设工作综述[EB/OL].
(2012-10-15) .http://www.gov.cn/jrzg/2012-10/15/content_2244057.htm.

廖岳华, 2011.关于开展农村环境质量监测的思考与实践[J].农业环境与发展
(3) :74-79.

杨茜, 2014.浅析农村环境保护与环境检测技术的有效结合[J].才智(35) : 252.

唯美乡村, 2016."互联网＋"新常态下,乡村旅游的五大转型升级[EB/OL].
(2016-05-02) .http://mt.sohu.com/20160502/n447196862.shtml.

中国经济体制改革研究会金融新常态课题组, 2015.中国农村互联网金融报告
[R/OL]. (2015-06-02) .http://mt.sohu.com/20150602/n414255755.shtml.

第十章
"互联网+"农业农村大数据

1. 什么是农业农村大数据？

　　大数据是需要新处理模式才能具有更强决策力、洞察发现力和流程优化能力的海量、高增长率和多样化的信息资产，具有数据体量巨大、数据类型多样、处理速度快、价值密度低等特点（许世卫等，2015）。

　　农业农村大数据是融合了农业农村地域性、季节性、多样性、周期性等自身特征后产生的来源广泛、类型多样、结构复杂、具有潜在价值，但难以应用通常方法处理和分析的数据集合。它保留了大数据自身具有的基本特征，并使农业农村内部的信息流得到了延展和深化。

　　农业农村大数据是大数据理念、技术和方法在农业农村的实践，涉及耕地、播种、施肥、杀虫、收割、存储、育种等农业生产各环节，涵盖农业智能化生产、农业资源环境精准监测、农业自然灾害预测预报、动物疫病和农作物病虫害监测预警、农产品质量安全全程追溯、农产品产销信息监测预警数据支持、农业科技创新数据资源共享等多领域，是跨行业、跨专业、跨业务的数据分析挖掘与数据可视化（孙忠富等，2013）。

　　以农业大数据为例，农业大数据主要集中在农业自然资源与环境、农业生产、农业市场和农业管理等领域（许世卫，2014）。农业自然资源与环境数据主要包括土地资源数据、水资源数据、气象资源数据、生物资源数据和灾害数据。农业生产数据包括种植业生产数据和养殖业生产数据，其中，种植业生产数据包括良种信息、地块耕种历史信息、育苗信息、播种信息、农药信息、化肥信息、农膜信息、灌溉信息、农机信息和农情信息；养殖业生产数据包括畜禽个体系谱信息、个体特征信息、饲料结构信息、圈舍环境信息、疫情情况等。农业市场数据包括市场供求信息、价格行情、生产资料市场信息、价格及利润、流通市场和国际市场信息等。农业管理数据包括国民经济基本信息、国内生产信息、贸易信息、国际农产品动态信息和突发事件信息等（图10-1）。

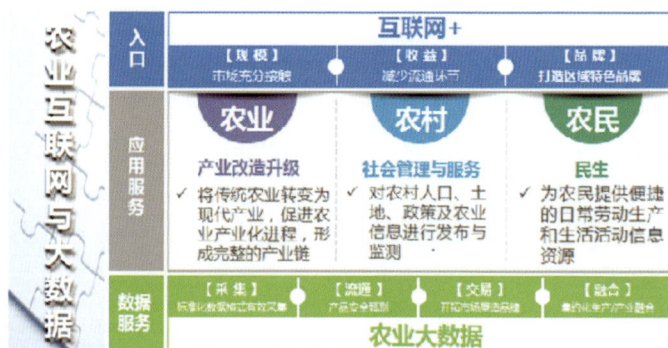

图10-1　农业互联网与大数据

2014年8月31日，龙信数据（北京）有限公司推出农业大数据应用云平台。这是国内首个专注于农业领域的集数据资源整合、理论方法共享、分析成果发布、观点交流互动为一体的应用云平台。农业大数据应用云平台是专业、精准、全面的农业数据产品，是专注于支撑农业领域数据研究的应用工具，是整合多渠道农业数据，引入数据挖掘展现技术，以专业分析为导向，面向农业相关人员提供数据查询、在线分析、共享交流等应用服务的知识开放平台。农业大数据应用云平台全面、庞大的数据资源涵盖了专题数据、动态数据、共享数据、涉农企业数据4大模块。平台整合宏观经济、农业农村等国家权威机构发布的农业相关数据；高频率的数据更新为用户不断输送新鲜资源；共享数据汇集政府、企业、社会三方数据，打破信息孤岛，实现资源互联互通；独家采集的涉农企业数据，帮助用户准确定位企业以及群体的地理分布。

　　农业大数据应用云平台以专业分析为导向，引入数据挖掘理念，为用户提供多角度、多层次、多维度的农业数据在线分析功能，可视化技术的加入，让用户轻松实现从数据查询、数据分析到成果展现的一站式操作。数据报表可视化、专题数据可视化、农产品价格可视化这3类可视化应用展示，以及带有地理分布、区域统计、梯度分布、密度分布多种空间分析方法的GIS地图应用展示，为用户分析思路提供不同的分析方法，多方面满足用户的分析需求。

　　农业大数据应用云平台开放了个人主页、互加关注、评论等互动模块，在个人主页中，发布的历史专题、历史数据以精彩图文的方式呈现给其他用户；"加关注"功能，为用户随时了解好友动态搭建桥梁；在评论环节中，用户自由发表自己见解，或评价数据的质量，或评论专题阐述的观点，用户间的即时沟通、即时交流，使得单纯的数据平台转化为知识的共享、交流及传播平台。

　　农业大数据应用云平台实现了将数据变为商品，在不危及个人和国家数据安全的前提下，合法提供数据交易渠道（图10-2）。

图10-2　农业大数据应用云平台界面

个人或组织可将数据集上传至平台，供用户免费下载，或以一定的价格出售，轻松享受从数据上传、数据定价、数据发布到获取收益的快捷服务，用户在提升收益的同时，实现了跨部门的数据共享。

2. 粮食和重要农产品大数据应用有哪些?

通过大数据分析与研究，农业生产者在生产中能够预测最佳播种时间、用什么类型种子，以及在哪里种植能够提高产量、降低运营成本，提升应对病虫害和灾害的防御能力，并尽量减少对环境的影响。做好"藏粮于技"，提升我国粮食安全水平，降低粮食安全成本必须充分挖掘大数据技术对农业生产的支撑。

（1）MySmartFarm：MySmartFarm系统的创始人兼首席执行官Wolfgang van Loeper正在利用大数据来改造农业。MySmartFarm系统是个SaaS系统，它将收集到的数据与预测数据相结合，帮助农民对预测或趋势做出反应。通过MySmartFarm系统，农民能够拥有其所有的数据，包括收获、施肥、实验室、天气、疾病，以及来自当地土壤或叶片水分和卫星传感器的传感器数据，同时还有重要的映射和地理信息系统数据。MySmartFarm系统将所有这些数据与气候数据相结合，并产生新的情报。将其加入农民自身完整的安全存储的数据中，农民可以得出一个非常方便的管理仪表板，指明面对众多的参数时，要做出快速而高效的决策，最重要的是什么，从而更及时地采取行动（图10-3）。

图10-3　MySmartFarm系统

MySmartFarm 系统将推动农民走向更可持续的耕作实践活动，这不仅仅是节约水和化学品，更是帮助他们通过知识转移，转向更农业生态化的做法（王玉东，2016）。

（2）Climate 公司：粮食和重要农产品生产受气象条件影响很大，通过对气象大数据的分析和预测，找出与农业生产有关的时空规律，采用最优的农业生产措施，促进农作物生长，提高效率，增加收益。洪、涝、大风等气象灾害都会对农业收成带来直接影响，农业气象大数据能够将历史生产数据与历史气象进行综合分析，得出降水量、风力等气象与产量的关系，根据这些预测结果，在类似天气出现之前，采取适当的预防措施，确保农作物产量不受影响。2006年，两名前 Google 员工创立了 Climate 公司。该公司通过海量公开的国家气象服务数据，重点研究美国全国范围内热量与降水类型，通过这些数据，与美国农业部积累的 60 年农作物产量数据进行分析，从而预测玉米、大豆、小麦等农作物生长。同时，通过实时气象观察与跟踪，公司在线上向农民销售天气保险产品。目前，公司已经建成了农业领域最先进的技术平台，包括超本地化气候监测、农艺数据模型、高分辨率气候模拟，提供整套的全季监测、分析和风险管理产品。现在，客户可以登录 Climate 公司的网站，确定特定时间段内需要投保的气温、降水量范围。Weatherbill 收到订单后，就会在 100ms（毫秒）内综合分析天气预报、近 30 年来的国家气象局（National Weather Service）数据和用户所在地的地质调查数据，并根据气候变化对分析结果进行微调。得出结果后，Weatherbill 就会作为保险商，给用户开出保费。投保人如果因为意外天气而受到损失，就能自动获得赔偿。2013年，孟山都公司以 9.3 亿美元的价格收购 Climate 公司，这是孟山都公司向服务与数据业务进军的一大战略举措，Climate 公司将在数据专长方面为孟山都公司提供强大的补充。

（3）SOLUM：通过对农业土壤大数据进行精准的分析，可为农业生产提供高效的服务，如确定合理的播种时间、施肥时间、收割时间，为土壤改良提供合理的元素配比等，在此基础上，农业生产者结合农作物的生长情况，选择合适的肥料，进行精准定量施肥，有利于提高肥料利用率，降低农业生产成本，同时也减少肥料对农田的污染。2009年，由斯坦福大学3位物理工程方面的毕业生创建了SOLUM（图10-4）。以往，农民需要根据自己的经验来判断他们的种植作物需要多少化肥，大多数是缺乏精准性的，这就导致了化肥使用过量并带来成本的上升。SOLUM则希望通过数据分析来解决上述问题。其开发的测量系统能够实现更高效、更精准的农产品抽样分析，以帮助农业从业者科学种植，获得更好的收益。到目前为止，SOLUM已经建立起两套测量工具，其实验工具包可以让客户到田野的土壤中测量硝酸盐的含量。同时，SOLUM在爱荷华州拥有一个实验室，可以让客户邮寄土壤样本来进行分析。

图10-4　SOLUM界面

3. 动物疫病和农作物病虫害防控大数据应用有哪些?

动物疫病，是指动物传染病、寄生虫病。根据动物疫病对养殖业生产和人体健康的危害程度，动物疫病分为3类：一类疫病是指对人与动物危害严重，需要采取紧急、严厉的强制预防、控制、扑灭等措施的，如口蹄疫、猪瘟、小反刍兽疫等17种；二类疫病是指可能造成重大经济损失，需要采取严格控制、扑灭等措施，防止扩散的，包括狂犬病、炭疽、猪乙型脑炎等77种；三类疫病是指常见多发、可能造成重大经济损失，需要控制和净化的，包括大肠杆菌病、类鼻疽、放线菌病、丝虫病、Q热等63种（《中华人民共和国动物防疫法》，2015）。运用大数据评估预测疫病流行趋势，能够为防治动物疫病提供坚实基础。动物疫病的发生与流行与各种气候因子息息相关，也与养殖环境和养殖行为有直接关联。大数据时代，运用技术手段使评估养殖场疫病流行现状与趋势成为可能。综合各种因素预测局部或者区域性动物疫病的发生，并提供预警信息，进一步增强疫病防控工作的积极性和主动性。同时，通过集成与防疫相关的政策、技术、物资储备、专家等信息，能够快速判明疫情性质，合理采取相关应急措施，能够提高疫情处理的效率和准确性（郑久坤，2015）（图10-5）。

图10-5 动物疫病防治

河南省动物疫病预防控制中心建立了以省、市、县防控机构为主体，以乡（镇）级防检中心站为支点，以村级动物疫情报告观察员为基础，由不同规模养殖场、散养户、活禽交易市场、牲畜屠宰场、兽医门诊、野鸟栖息地等监测网点组成的动物疫病监测网络。通过监测网络获取的大数据，可以建立集数据采集、智能分析数据仓库与专题数据集、数据分析、领导决策与预警为一体的中国动物疫病监测预警体系，利用大数据技术进行数据处理和分析，同时利用GIS技术可以将动物疫情准确地可视化显示在电子地图上，通过掌握不同阶段疫情分布范围的扩大或缩小情况，来研究疫情的发展趋势，为动物疫病防控指挥决策与疫情预警服务（王小雷等，2012）。

农作物病虫害是一种主要的农业灾害，其传播的方向、途径以及危害的农作物种类有很大的不确定性，暴发时常造成重大损失。病虫害的发生与土壤情况、温湿度都有密不可分的关系，通过对历史生产数据进行分析，建立数学模型，完善现代农业农作物病虫害的智能诊断平台，可精准预测病虫害发生情况。根据预测，生产者能把握好病虫害的最佳防治时机，结合农作物生长的生育阶段，有效地避免和减少病虫害的发生，从而减少农药的施用，提高农产品质量。

以小麦蚜虫监测预警为例。小麦蚜虫是危害小麦的主要害虫，其发生程度预测特别是短期预测一直是植物保护领域难以解决的科学问题。传统预测方法通常仅采用温湿度数据，预测结果与实际发生匹配度不高。随着物联网、遥感等技术的发展，每年产生海量病虫害方面的数据，这些数据为农作物病虫害监测预警大数据奠定了基础，基于大数据的理念和数据挖掘技术，张晴晴等（2016）通过对历年小麦蚜虫发生程度与瓢虫、寄生蜂、日最高气压、日照时数等18种变量关系进行分析，构建了蚜虫病害发生模型对小麦蚜虫进行实时、高效、准确的监测，并提供预警服务，以减少小麦蚜虫大面积发生的可能。

4. 重要农业生产资料大数据应用有哪些？

农业生产资料（简称农资）是农业生产的关键要素，农资打假成本高、效果差，一直困扰着农资行业的发展。农资监管是大数据应用的一个主要领域。

近年来，海南省工商行政管理局运用大数据加强市场监管，大幅提升了农资市场监管的现代化水平，成效正逐渐显露出来（符发，2015）。目前，全省农资市场监管信息化平台标注农资市场主体3 168户，占全省农资经营主体的92.96%；录入农资商品信息9 121条、农资销售台账信息1 799条、进货台账信息6 785条。

以往农民选种，大都是根据前几年小面积试种的经验、查看示范田的产量以及经销商的宣传与承诺来判断种子的品质及真伪。大数据时代，农民动动手点一下鼠标或者打开手机，就可以上网查询所购种子的品种情况、包装信息、制种基地、加工地等各种信息。农业农村部推出的全国种子可追溯试点查询平台，使农民不再需要惴惴不安地购种，不再需要用一年的时间验证种子的真伪优劣了。目前，全国已经有 11 家种子企业的12个品种登录了全国种子可追溯试点查询平台（图10-6）。

图10-6　全国农资打假与监管信息网

　　北京派得伟业科技发展有限公司研发的农资监管平台，基于农资监管的业务内容和工作流程，创新集成应用无线通信技术和智能移动终端，实现监管人员在监管执法过程中能实时与监管服务器实现信息查询和数据交互，建立移动办公平台，提高监管工作效率；实现监管执法信息的公共服务功能，建立信息查询与推送平台，为农资企业提供监管执法信息、企业管理培训、市场管理指导等信息服务和教育培训服务，为消费者提供企业信息、产品信息、信用监管信息检索查询和投诉举报服务，构建农资市场

"监管执法＋信息服务"的长效监管新模式，改善执法手段，提高农资监管基层人员执法办案能力，规范农资市场秩序，保障农业生产和农产品质量安全，切实维护农民的合法权益（图10-7）。

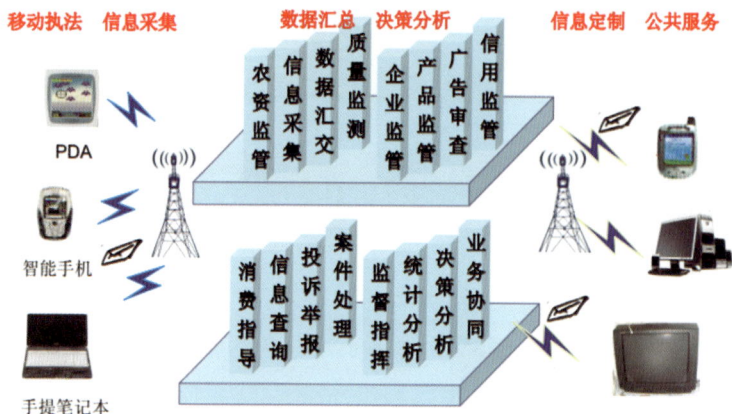

图10-7　农资管理应用平台总体设计

　　同时，大数据可以将天气预报、土壤墒情、农作物生长规律、种植面积、病虫害防治、灌溉条件等信息收集起来，应用于农资流通企业，制订出最佳农资营销方案，提供个性化服务。同时，也可以通过采集到的生产数据、销量数据等资源，结合季节、民族、地区差异等因素，引导种子等农资提前进行流转，为农民播种做好农资服务。并通过预测提示农资供应按需生产，充分调配，避免农资产能过剩或短缺。

　　安徽阡陌科技（全称为安徽阡陌网络科技有限公司）首先切入农业大数据的环节就是农业投入品的农资流通，通过对接阡陌科技的网络平台，用数据说话，哪个农资产品更适合当地，对提高作物产量和品质的贡献有多大，与同类产品比优缺点在哪儿，都可以用数据反映出来，农资市场不再是卖家的"一言堂"（图10-8）。2015年9月，"爱农资"项目落户芜湖，使得智慧农业搭建"天网"成为可能。该项目通过整合农资电子商务平台、终端服务

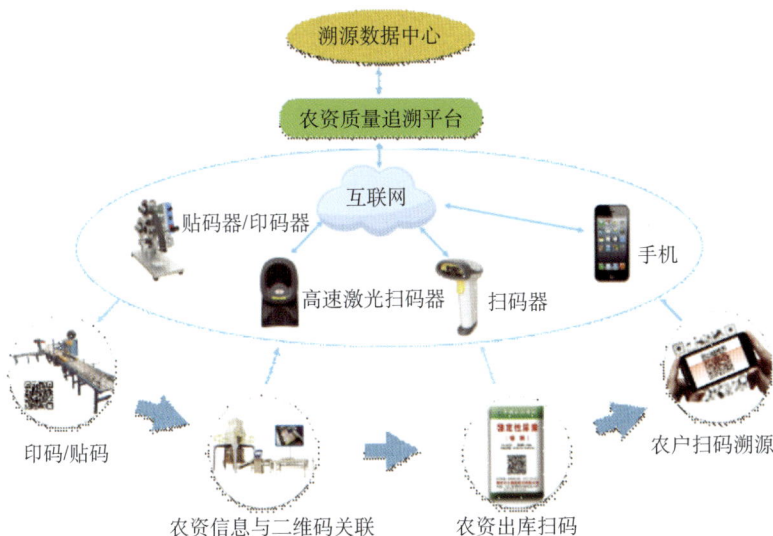

图10-8 阡陌科技农资质量追溯系统

平台、金融服务平台、农资追溯平台和农资大数据中心，以人工智能、图像识别、地理信息系统、互联网、移动互联网、物联网、云计算和大数据分析作为技术支撑，为"三农"用户提供包括农资电子商务服务、终端农业技术服务、农资追溯服务和农资大数据服务等完善的一体化解决方案（赵云涛，2016）。

5. 农业资源环境大数据应用有哪些？

农业资源，一般指农业自然资源，包括农业生产可以利用的自然环境要素，如土地资源、水资源、气候资源和生物资源等。农业环境是指影响农业生物生存和发展的各种天然的和经过人工改造的自然因素的总体，包括农业用地、用水、大气、生物等。农业资源环境由气候、土壤、水、地形、生物要素及人为因素所组成。目前，农业资源环境大数据应用主要是农业资源环境监测。

农业资源环境监测的直接目的就是通过调查访问，直接观察，或者利用物理、化学、生物学等技术来观察、测试农业的物理、化学和生物等的自然因素状况和变化，以获取关于农业资源环境的信息。这些信息资料包括关于农业资源环境的调查、观察记录与报告，各种测试数据资料，影像材料，航片、卫星图片及其他遥感资料等，这些都是反映农业资源环境质量情况的重要资料。

农业资源环境监测除了获取信息外，还要将这些信息进行归纳分析和整理，对农业资源环境质量做出现状或预断评价。农业资源环境监测在方法学上有许多需要研究的问题，只有结合监测工作任务不断进行研究才能提高水平。农业资源环境监测总的目的就是为农业可持续发展和农业资源环境保护服务，它既是农业经济工作的一部分，也是环境保护工作的一部分。

目前，大数据在农业资源环境监测与管理领域的应用不断深入。运用遥感等技术，通过地面站点、地球观测系统及其应用，对影响农业的水、土壤、大气及生态环境等影响因子进行全面监控，能够实现对农业自然灾害与农作物生产的提前预警与预测（图10-9）。

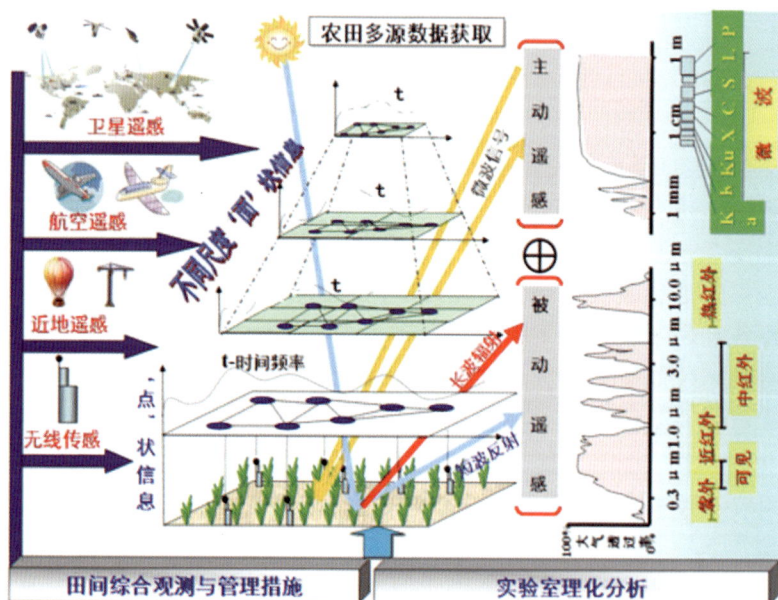

图10-9　农田资源环境信息快速获取

资源环境遥感监测是农业大数据的重要应用之一，我国的资源环境遥感监测始于20世纪70年代。遥感监测首先选择遥感数据类型及其时相，得到数据后进行纠正，之后采用人机交互和计算机辅助分类与提取的方法来获取专题信息。在资源研究中利用遥感技术对水、土地、地质矿产、生物等资源进行调查，由早期的1：100万比例尺向1：50万、1：25万、1：10万比例尺变化，由早期的静态调查变为现在的动态监测，同时精度有了大幅提高。在环境监测中利用遥感技术对研究区域的资源环境状况、水土流失情况、土壤盐碱化、土地沙漠化等方面进行研究，实现了由定性向定量转化，进而能够客观、快速、全面地评价研究区域的环境状况。

随着遥感技术的空间分辨率、时间分辨率、波段分辨率的完善，遥感技术将在资源与环境领域发挥重要的作用。目前，遥感技术已形成多星种、多传感器、多分辨率共同发展的局面。遥感卫星包括资源卫星、环境卫星、海洋卫星、气象卫星等，所获取的遥感信息具有厘米到千米级的多种尺度，如63cm、1m、3m、4m、5m、10m、20m、30m、60m、120m、150m、180m、250m、500m、1 000m等多种分辨率。重访周期从1天至40～50天不等，在获取资源环境空间和时间信息方面构成很好的互补关系。遥感技术在资源环境的研究和测量任务中扮演着越来越重要的角色，它所具有的高度空间概括能力，有助于对区域的完整了解。不同卫星适宜的重访周期有利于对地表资源环境的动态监测和过程分析。以多光谱观测为主并辅以较高分辨率的全色数据，极大地提升了对地物[1]的识别和分类（张增祥，2004）。

6. 农业经营管理大数据应用有哪些？

农业经营管理是指农业合作经济组织对其生产过程进行组织、指挥、协调、检查、监督和控制的全过程。农业经营管理是农村

---

① 地物指的是地面上各种有形物（如山川、森林、建筑物等）和无形物（如省、县界等）的总称。泛指地球表面上相对固定的物体。

工作的重要组成部分，是建设社会主义新农村的客观要求，是维护农民利益的有效措施，是保持农村大局稳定的基本前提（韩瑞喜，2014）。

我国幅员辽阔，区域之间农业生产千差万别，小规模农户数量巨大，产销对接不顺，农产品滞销、卖难问题频发，原有的农产品质量监管、农技农资和信息服务体系难以及时、有针对性地应对大量的信息需求。然而，大数据可以通过数据积累、深度分析、智能分类和自动匹配等算法和技术满足农业经营和信息服务需求。

产销对接是农业农村大数据在农业经营管理方面的一个重要领域。近年来，农产品滞销情况频现，农民卖不出，市民买得贵，主要原因是生产和市场信息不对称，导致农产品资源分布不平衡。利用生产数据和市场数据的整合，让生产和市场信息有效对接，平衡各地农产品供求数量，成为解决资源分布不平衡的关键。大数据将各地农产品滞销、市场需求、农产品价格走势、进城道路交通信息、终端消费需求等相关数据进行系统整合，准确掌握滞销地区、滞销产品、滞销数量以及各地对农产品需求量信息，辅之以菜场超市摊位监测评估等数据系统，通过深入挖掘并有效整合散落在全国各农业产区的农产品相关数据，可以判断农产品需求、价格变动等情况，既可以及时解决滞销问题，又可以实现市场资源平衡，促进农产品产销高效对接，提高农业资源利用率和农产品流通效率（郑勇等，2016）（图10-10）。

大数据时代，RFID、GPS、传感器等技术在农产品产业链中的应用，产生了大量的数据。大数据分析、挖掘、处理技术可以为农产品质量安全治理提供及时精确的信息，使得农产品质量可以追根溯源。大数据为农产品质量安全治理工作提供了强有力的支撑。在生产环节，可以利用大数据技术对农产品生长环节中的光照度、湿度、土壤、化肥、农药、水源等进行实时追踪监测，避免有害物质对农产品质量安全造成危害，通过对相关数据的分析挖掘，可以及时公布数据结果，纠正生产过程中的偏差，降低农产品质量安全风险，从而有效保障农产品在生产环节中的质量

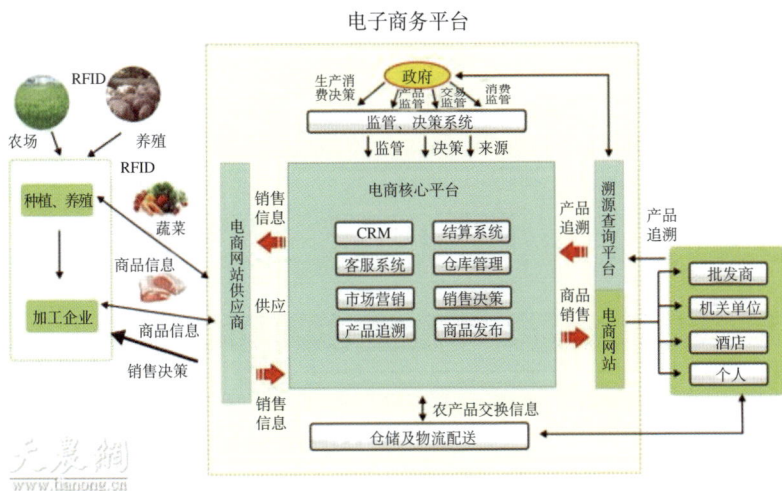

图10-10 农产品电子商务平台

安全。在流通环节，可以搜集农产品流通过程中的湿度、温度、光照度数据，并对其进行及时调整，以降低农产品的腐败率和防腐剂的使用率。在销售环节，可以利用RFID、云计算等技术收集农产品生产地、生产日期、生产主体、流通主体、销售主体等一系列信息数据。通过对数据的分析挖掘，为每一件农产品建立独一无二的身份认证，使每一件农产品都有专属于自己的编码或二维码，拒绝农产品"黑户"的存在，减少潜在的质量安全隐患。同时，还可以通过大数据手机客户端或者计算机查询有关数据，对"餐桌"上的农产品追根溯源，详细了解农产品产业链各个环节的信息数据，从而可以让人吃得安心和放心（肖湘雄，2015）。

7. 农业技术推广培训大数据应用有哪些？

农业大数据综合运用移动互联网、智能传感器、物联网、云计算等技术获取数据、影像等信息，并进行计算、分析、处理，为政府、企业、农户提供更好的监测、分析、智能决策等，有力地推动了农业科技的进步。目前，农业大数据在智慧农业技术的推广培训中已经取得了良好的成效。

以渤海粮仓科技示范工程大数据为例（图10-11）。"渤海粮仓农业大数据平台"主要包括数据采集、挖掘分析、监控预警和决策服务4大模块。其中，数据采集模块，通过科学组配气象、苗情、土壤和地下水等各类传感器，组成地空一体传感器簇，构建作物生长过程环境信息智能化感知系统，实时采集传输各类数据，为后续数据分析、监控预警、决策服务提供全天候、立体化数据

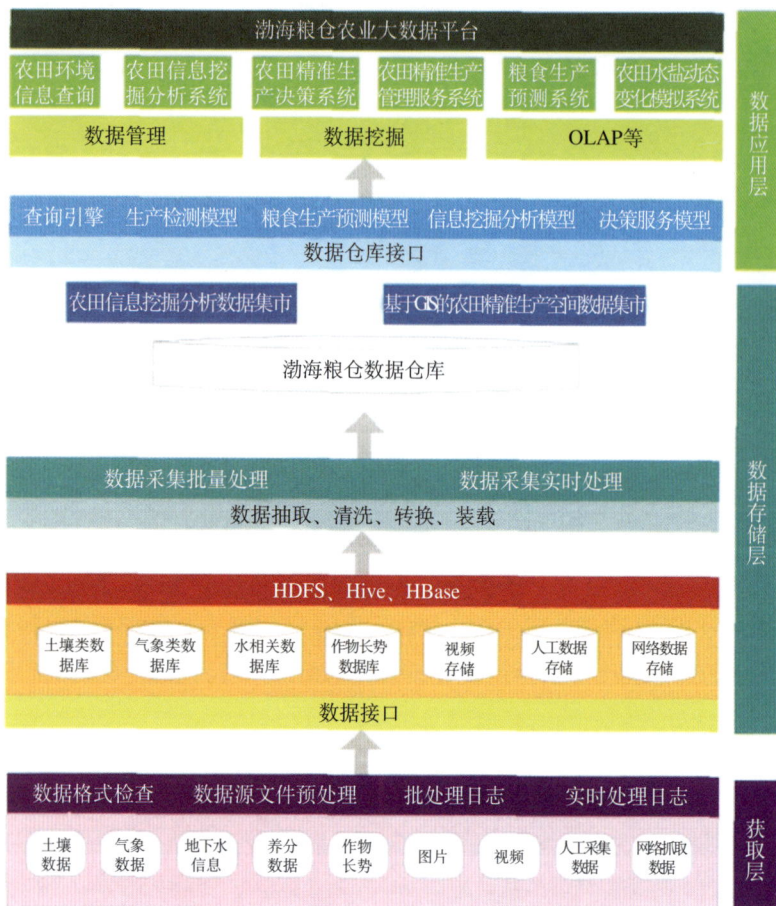

图10-11　渤海粮仓农业大数据平台架构

支撑。挖掘分析模块，通过集成大数据和农业科学分析技术，构建农业大数据分析技术系统，挖掘分析相关历史数据和实时数据，应用可视化技术，动态呈现处理分析结果，为及时指导农业生产、监控预警和管理决策提供可靠依据。监控预警模块，通过实时数据采集和挖掘分析，对气象、土壤、地下水、病虫害等影响农业生产的因子和作物生长指标，进行动态监测，根据作物适宜生长阈值实施预警，为提前预防和科学防治农业生产中的病虫害提供警示信息。决策服务模块，通过对历史和实时数据进行综合分析，提出盐碱地改良、作物栽培、病虫害防治等技术措施，为政府、企业、农户生产管理和决策提供科学依据，为推进渤海粮仓科技示范工程健康发展服务（柳平增，2015）。

目前，农业生产技术发展较快，传统的农业技术推广服务依赖基层农技人员进行指导，但是存在基层农技人员的技术水平参差不齐、针对性指导不足等问题，传统的农业技术推广服务方式已不能满足广大农户日益增长的农业技术指导需求。利用大数据技术，通过采集农产品种养殖数据、病虫害数据、防疫物资销售数据等，与历史数据相结合，通过模型分析，将已有的专家解答、相关的农业技术、附近的农技人员与提问农户信息进行匹配，使农业技术推广服务更具有针对性。大数据技术的运用可以较好地解决海量信息匹配的难题，为农技推广服务。全国基层农技推广信息化平台构建了粮食作物、经济作物、蔬菜、果树、畜牧等农业技术数据库，面向全国70万个农技人员提供服务，总记录超过10万条，视频数据超过5 000个。

近年来，农业科普的对象除了农村人口以外，城市青少年等城镇居民的需求也越来越广泛。利用大数据开展农业科普，能够准确了解不同受众群体的特点及需求，然后有针对性地根据受众的需求，开展形式多样的农业科普服务。比如，当前往城市社区开展农业科普活动时，可以提前根据大数据分析，有效掌握目前居民最关注的农业科技热点问题，及时制订科普服务方案，有效调动相关的科普资源，使科普服务内容是居民真正所需要的，而且是乐意参与其中的。

大数据技术可以使人们及时了解各单位的农业科普信息资源，通过建立科普资源共享平台，整合农业科普资源、结合未来发展需求，让现有的农业科普资源能够更好地服务于农业科普工作。农业科普资源主要包括农业科普人员、科普场馆设施、各种科普传媒等，科普资源各部分之间存在相互联系，形成了科普资源系统。同时，大数据可以对大量零散的农业科普资源进行收集和分类，达到资源共享、合理利用资源的目的。以广州市为例，广州市科技和信息化局利用掌握的科普资源信息，建立了广州科普网科普资源平台，组织了广州市的农业科研院所、农业龙头企业、农业高新企业以及农业类科普基地共同开放科普资源，将这些农业生态类科普资源有效地串联起来，开展了"广州科普一日游（农业生态路线）"活动，市民可以通过网站、微信、微博直接查询报名，让市民在生态旅游中感受农业科技的魅力，很好地整合利用了农业生态科普资源（陈胜文等，2014）。

8. 现代农作物种业大数据应用有哪些？

国以农为本，农以种为先。我国是农业生产大国和用种大国，农作物种业是国家战略性、基础性核心产业，是促进农业长期稳定发展、保障国家粮食安全的根本。改革开放特别是进入21世纪以来，我国农作物品种选育水平显著提升，推广了超级杂交水稻、紧凑型玉米、优质小麦、转基因抗虫棉、双低油菜等突破性优良品种（图10-12和图10-13）。当前，我国良种供应能力显著提高，杂交玉米和杂交水稻全部实现商品化供种，主要农作物种子实行精选包装和标牌销售；种子企业实力明显增强，培育了一批"育繁推一体化"种子企业，市场集中度逐步提高；种子管理体制改革稳步推进，全面实行政企分开，市场监管得到加强。良种的培育和应用，对提高农业综合生产能力、保障农产品有效供给和促进农民增收做出了重要贡献。

现代农作物种业大数据应用有助于育种研发。自20世纪80年

图10-12 超级稻

代，第二代基于DNA重组的育种技术逐渐成为主要育种手段。这类技术主要应用基因工程对基因片段进行修改，从而获得抗虫、抗病、高产、优质的优良性状。爆炸式增长的生物信息学数据为农业育种和改良提供了充足的数据源，

图10-13 抗虫棉

即农业大数据，基因工程、细胞工程等为农业育种提供了重要的技术支持。现代农作物育种大数据就是利用海量的基因组数据，快捷、高效、准确地挖掘信息，开发新的基于大数据的育种技术。美国孟山都公司在大数据育种方面走在世界的前列，大量的基因组数据、表现型数据和农田中的大量图片使公司完全转变成数据驱动的信息化企业，该公司需要几十PB的数据存储空间，而数据量每16个月就要增加1倍。近年来，随着高通量技术的普及和价格的下降，基因芯片和第二代测序技术逐渐成为农业育种的新手段。农业大数据可以基于最新的国际高通量数据，提取有价值的SNP分子标记，帮助育种专家建立SNP分子标记数据库，快速筛

选所需要的基因片段（孙晓勇等，2015）。

现代农作物种业大数据应用有助于新技术、良种交流。研发能力是种子企业的核心竞争力，大数据应用可以帮助种子企业快速实现对于新、良种的开发、研究和交流，增强种子企业核心竞争力。国家种业科技成果产权交易平台就是一个新技术、良种的交流平台，该平台不仅能了解种子企业所需要的品种和技术，而且也有科研机构提供的科研成果，可以最大化发现品种和技术的价值，不仅让企业拥有了更多新技术和良种，也让育种专家拓宽了自己的研究方向。

避免种子质量风险同样是现代农作物种业大数据的应用领域。买到假种子、坏种子，经济蒙受损失是农民朋友最不愿看到的事情。通过整合种业科研、品种管理、种子生产经营、市场供需各环节信息数据，实现新品种保护、品种审定、品种登记、引种备案、种子生产经营许可备案网上申请、种子供求、市场价格、市场监管等信息公开和查询，统一市场种子标签规范，实现从品种选育到种子零售的全程可追溯，为农民选购放心种子和农业部门依法治种提供信息服务。全国种子可追溯试点查询平台拥有品种名称、包装式样、审定编号、适宜区域、企业资质等多种信息，一方面农民可以通过电脑和智能手机输入相关产品追溯代码，辨别种子真伪；另一方面种子企业能收集农民对所购种子的反馈及评价，更合理地制订制种计划，调整育种方向、维护知识产权。

9. 农机应用管理大数据应用有哪些？

智能农机及大数据应用是我国农业现代化发展方向。目前，农机的应用管理主要涵盖农机定位监控与自动驾驶、农机作业参数智能监测与计量、作业环境数据采集与处理、智能设备协同与精准作业、数据远程传输与分析决策、数据共享与应用等领域（图10-14）。

在生产过程中，智能农机利用传感器、GPS、GPRS、遥感、光谱等技术生产了海量的地理信息（如海拔、气压、土地比阻、

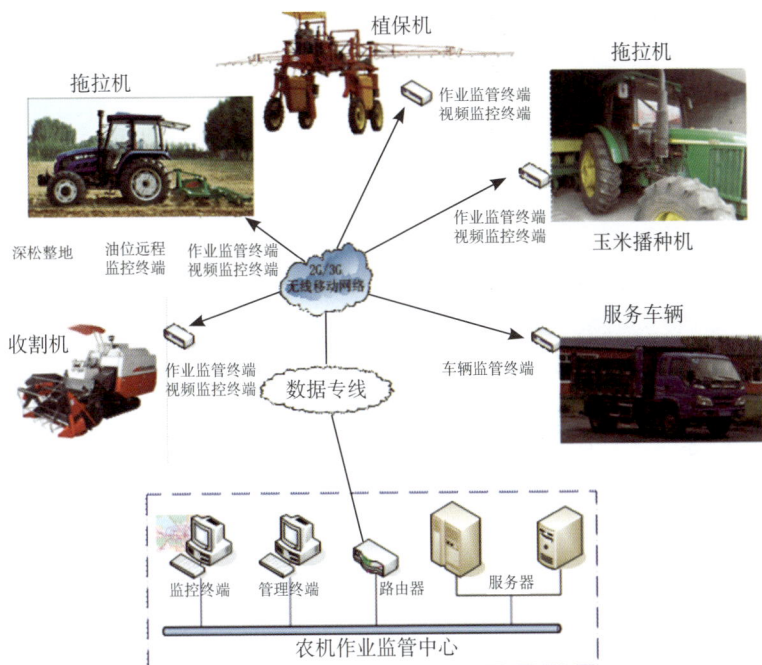

图10-14　农机综合监管系统

坡度等)、农机部件作业信息(如拖拉机作业挡位、行驶速度、发动机转速、水温、油温等)、环境信息(如温度、湿度等)、土壤信息(如肥力、湿度等)、作物信息(如病虫害、产量等)数据。基于大数据可以实现智能农机智能控制、多机物联、精准作业、产品决策。发展农机应用大数据,能够有效地提高农机作业质量的远程监控能力,提高对作物种植面积、生产进度、农作物产量的关联监测能力(赵剡水,2016)。

　　河北省开通了河北省智慧农机决策管理信息平台(河北农机大数据平台),为麦农和机手提供精准信息服务,2016年河北省有近4 000台农机安装了智能终端设备(图10-15)。机手可以通过智能手机、电脑、车载GPS等多种方式加入平台。通过这一平台,可实现对作业收割机的精准定位、计亩(1亩 = 1/15公顷≈667米²)

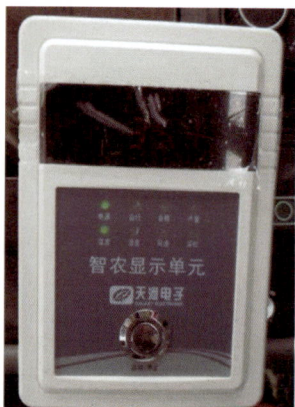

图10-15　收割机智能终端

计产、紧急智能调配、高效维修服务、作业实施轨迹可视化展示以及供需双方有效对接等，开通河北农机大数据平台后，"智慧农机"大大提高了作业的效率和效益。

同时，政府部门的农机购置补贴数据、农机制造及经销企业的用户购买和服务数据等也形成了大批量的数据。基于农机的产品和购买用户数据，可以预测农机行业市场销售情况。比如，要预测下一年大型农机具的需求量，生产企业可以把近年农机购置补贴系统内每个地方的拖拉机产品和大型机具的销售情况统计出来，作为动力产品的拖拉机和农机具需求一定有个线性的关系，根据往年的销售比例，如果能预测到下一年的主机销售量就可以大致预测出农机具的需求量。

10. 渔业管理大数据应用有哪些？

渔业大数据是指渔业规划、计划、生产、销售、管理、科研等所有环节，包括影响这些环节的地理、气象、水文、环保、政策、市场等所有数据的集合，以及对这些数据的获取、分类、存储、管理、挖掘并提供快捷、有价值服务的各项技术及其应用的总称（周洵，2015）。

渔业大数据智能决策是渔业渔政管理大数据应用的一个主要方面。大数据应用能够实现渔业的精细投喂和科学用药，降低养殖水体的污染，使渔业生产从经验依赖型转向科学决策型。过去的渔业养殖都是一家一户分散型养殖，面临着资源浪费、生产效率低、养殖风险大、环境压力大等问题，应用渔业大数据，既没有基础也没有条件。现代的渔业养殖在向集约化精准养殖发展，养殖技术、装备技术和信息技术的高度融合，特别是渔业物联网与大数据将传感技术、无线通信技术、智能信息处理与决策技术融入水产养殖的各环节，实现对养殖环境与养殖设施的智能化监控，传感器、视频摄像等物联网装备产生了大量的渔业生产数据，通过对海量数据进行分析后科学决策，实现水产养殖生产的智能化决策，大幅提高水产品产量、质量和效益，提高广大水产养殖户的收入。例如，内蒙古包头市利用渔业大数据信息指导生产，提高效率，为渔户提供精准服务、满足个性化需求，打造智慧渔业，实现了全产业链信息查询、资源共享、水产品质量安全追溯，促进了渔业可持续发展。

渔业信息化的核心是大力建设与推广应用水质环境监控系统、养殖场管理系统、饲料自动投喂系统以及水产动物疾病诊断与防控系统，实现水产养殖集约、高产、高效、优质、健康、生态、安全。同时，大力推进船舶动态监管系统、捕捞作业系统、船舶自动导航系统、渔船管理系统建设，保障渔业作业安全，提高渔业捕捞产量（图10-16）。其中，水产养殖水质环境监控系统是利用传感器、无线传感网络、自动控制、机器视觉、射频识别等现代信息技术，对水产养殖环境参数进行实时监测，并根据水产养殖的需要，对养殖环境进行科学合理的优化控制（图10-17）。饲

图10-16　渔业信息化建设

水产养殖智能监控

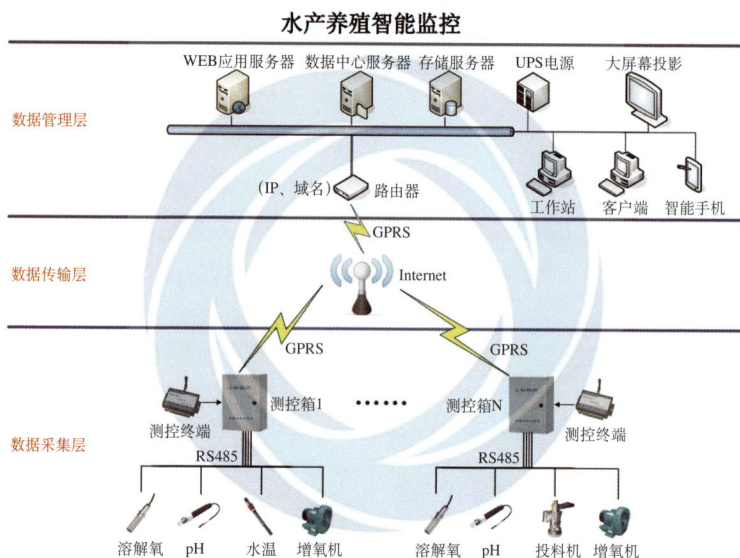

图10-17 水产养殖智能监控系统

料自动投喂系统主要是采用动物生长模型、营养优化模型、传感器、智能装备、自动控制等现代信息技术，根据水产动物的生长周期、个体重量、进食周期、食量以及进食情况等信息对水产养殖的饲料喂养时间、进食量进行科学的优化控制，实现自动化饲料喂养，以确保节约饲料、降低成本、减少污染和病害发生，保障水产品质量安全。水产疫病诊断与防控系统主要是利用人工智能技术、传感器技术、机器视觉技术，根据水产养殖的环境信息、疾病的症状信息、水产动物的活动信息，对水产动物疾病发生、发展、程度、危害等进行诊断、预测、预报。水产养殖场管理系统是运用RFID、条码、数据库、网络等信息技术对水产养殖场的动物个体情况、饲料、人员、市场等方方面面的信息进行科学的管理和配置。捕捞生产系统是利用声、光、电等现代信息技术，如光诱围网、光诱敷网、激光围鱼捕捞、自控控制钓机等技术，提高渔业捕捞的命中率和捕捞量。

◆ 参考文献

渤海粮仓科技示范工程大数据平台[EB/OL]. http://bhlc.sdau.edu.cn/.

陈涛，刘世洪，2015.常规条件下重大动物疫病监测预警平台研究[J].畜牧与兽医，47（10）:127-129.

陈胜文，张晶，乔燕春，等，2014.大数据在农业科普中的创新应用展望[J]. 广东农业科学（18）：233-236.

符发，2015.海南运用大数据思维加强监管[N].中国工商报，2015-01-15（001）.

广州锦元生物科技有限公司[EB/OL].http://jinyuanbio.biogo.net/sell/itemid-821239.shtml.

韩瑞喜，2014.加强农村经营管理的几项措施[J].农牧业经济（4）:284.

柳平增，2015.农业大数据平台在智慧农业中的应用——海粮仓科技示范工程大数据平台为例[J]. 高科技与产业化（5）:68-71.

农业大数据应用云平台[EB/OL].http://www.dataagri.com/agriculture /index. action.

农业大数据应用案例[EB/OL].http://www.36dsj.com/archives/16308.

全国农资打假与监管信息[EB/OL]. http://zgb.agri.gov.cn/sites/MainSite.

孙忠富，杜克明，郑飞翔，等，2013.大数据在智慧农业中研究与应用展望[J].中国农业科技导报，15（6）:63-71.

孙晓勇，刘子玮，孙涛，等，2015.大数据在农业研究领域的应用与发展[J].中国蔬菜（10）:1-5.

王文生，郭雷风，2015.农业大数据及其应用展望[J].江苏农业科学，43（9）:1-5.

王玉东，2016.大数据：农业供给侧改革新动力[N]. 农资导报，2016-06-03（C01）.

王小雷，吴志明，闫若潜，等，2012.河南省动物疫病监测预警体系建设的现状及建议[J].动物医学进展，33（9）:113-115.

许世卫，王东杰，李哲敏，2015.大数据推动农业现代化应用研究[J].中国农业科学，48（17）:3429-3438.

许世卫，2014.农业大数据与农产品监测预警[J].中国农业科技导报,16（5）:14-20.

肖湘雄，2015.大数据：农产品质量安全治理的机遇、挑战及对策[J].中国行政管理（11）:25-29.

郑久坤，2015.大数据在畜牧技术推广服务中的应用[J]. 中国畜牧业（1）:30-32.

张晴晴，刘勇，牟少敏，等，2016.基于大数据的小麦蚜虫发生程度决策树预测分类模型[J].大数据（1）：59-67.

赵云涛，2016."放心农资"通阡陌 智慧农业绘蓝图[N].芜湖日报，2016-03-16（002）.

张增祥，2004.我国资源环境遥感监测技术及其进展[J].水利信息化（11）:52-54.

郑勇，孟磊，李文静，2016.山东省农业大数据发展刍议[J].大数据（1）:44-52.

周洵，2015.大数据技术与中国渔业[J].中国水产（8）:31-33.

赵剡水，2016.关于开展智能农机大数据应用的建议[J].中国科技产业（1）:22.

第十一章
"互联网+"农业信息服务

1. 什么是信息进村入户工程?

信息进村入户是发展"互联网+"现代农业的一项基础性工程。2014年,农业部发布了《农业部关于开展信息进村入户试点工作的通知》,选择北京、辽宁、吉林、黑龙江、江苏、浙江、福建、河南、湖南和甘肃10个试点省(直辖市)开始试点工作。2015年在县、省自愿申报基础上,农业部确定在已开展试点的10个省(直辖市)中新增试点县(市、区)51个,同时新增天津等16个试点省(直辖市)、43个试点县(市、区),共计新增试点县(市、区)94个,作为第二批开展信息进村入户试点工作的试点县。2016年11月,农业部发布了《农业部关于全面推进信息进村入户工程的实施意见》,全力推进信息进村入户工作。2017年,农业部在辽宁、吉林、黑龙江、江苏、浙江、江西、河南、重庆、四川和贵州10省(直辖市)开展信息进村入户工程整省(直辖市)推进示范(图11-1)。

信息进村入户工程是农业部顺应农民对信息新需求、信息化与农业现代化深度融合新态势,开展农业信息服务的一项重要工作。信息进村入户工程以"统筹规划、试点先行,需求导向、社会共建,政府扶持、市场运作,立足现有、完善发展"为原则,以12316服务基础为依托,以村级信息服务能力建设为着力点,以满足农民生产生活信息需求为落脚点,用现代信息技术武装农民、

143

图11-1　信息进村入户

建设农村、服务农业，切实提高农民信息获取能力、增收致富能力、社会参与能力和自我发展能力，为加快推进农业现代化和城乡发展一体化提供支撑。

信息进村入户工程的目标是探索信息进村入户的有效办法，促使农业信息服务体系进一步健全，农业信息服务"最后一公里"问题初步解决，农村社区公共服务资源接入水平明显提高，农业生产经营、技术推广、政策法规、村务管理、生活服务、权益保障及个人发展等各类信息需求基本得到满足，普通农户不出村、新型农业经营主体不出户就可享受到便捷、经济、高效的生产生活信息服务，农业农村信息化可持续发展机制创新取得明显成效。以黑龙江省为例，黑龙江是2014年第一批信息进村入户工程的试点省，提出了政府主导、市场运作、农民受益的运营发展机制，开展信息进村入户试点建设。

（1）建设村级站：黑龙江按照"六有"标准，依托新型农业经营主体、农资经销店、农村超市、电信服务代办点等，开展村级站建设。2014年建成118个村级信息站，每个站配备1台采取触摸屏控制、便于农民操作的40英寸智能平板电脑为信息终端设备，加载了黑龙江惠农信息技术服务有限公司（简称惠农公司）开发的服务系统，共设有种养技术、价格行情、农业热线等公益服务，小额贷款、农业保险等金融服务，三务公开、求医问药、用工信息等便民服务，农技培训、文化生活等体验服务，以及电子商务服务等20个功能板块，基本覆盖了农民生产生活需求。

（2）组建信息员队伍：黑龙江在双城、方正两县开展村级信息员的筛选，信息员优先从村干部、大学生村官、农村经纪人、种养大户、农商店主、农企经理、农民合作社带头人中选聘。并组织农村信息员，参加了信息进村入户专题培训班。

（3）整合12316平台：黑龙江组织有关专家对12316服务模式和流程进行了专门研讨，确定了发挥现有资源作用，依托哈尔滨市已建12316平台建设呼叫中心的思路。组建专家和农技人员服务队伍，推进公益性服务资源和电话、短信、网站等服务渠道整合，推进农技人员手机服务终端配备、村级站12316直拨电话接入和免费WiFi环境提供。

（4）建立运行机制：黑龙江会同哈尔滨市、惠农公司，制定了益农信息社（即村级信息服务站）和信息员管理考评方案、工作职责、服务承诺和信息员培训方案。政府与运营企业的分工协作机制、企业间合作的利益联结机制、信息员的奖励补偿机制、政府扶持与企业投资的多元投入机制以及村级信息站运营模式正在摸索总结中。

2. 什么是益农信息社？

益农信息社，即村级信息服务站（图11-2）。从2014年开始，农业部在北京、辽宁、吉林、河南等试点省（直辖市）开展信息进村入户试点工作，把建设村级信息服务站作为一项重要任务。信息进村入户工程的村级信息服务站统一使用"益农信息社"品牌。

图11-2 益农信息社

（1）目标：益农信息社就是信息进村入户工程益农服务的"最后一公里"，目的是让农民不出村就能享受到快捷服务，通过互联网让农民享受城乡均等化的公共服务。益农信息社一般优先选择全国农业农村信息化示范基地、国家现代农业示范区等基础较好的县（市、区），以县为单位整体推进，保证每个行政村不少于1个。

（2）按"六有"标准建设：益农信息社一般按照有场所、有人员、有设备、有宽带、有网页、有持续运营能力的"六有"标准，充分利用原有设施和条件，重点在村委会、农村党员远程教育点、新型农业经营主体、各类农村商超及服务代办点中建设或认定。站点有专门用于信息服务的场地，配备计算机、专用电话、视频设备、打印机等硬件设备，具有互联网接入条件，网络带宽不低于4M，能提供无线WiFi环境。每个益农信息社至少会配备1名信息员。按照有文化、懂信息、能服务、会经营标准，由初中及以上文化，熟练使用计算机等办公设备和互联网，沟通能力强、服务态度好、有责任心的人员担任，一般重点在村组干部、大学生村官、农村经纪人、农民合作社带头人、农村商超店主中选聘。

（3）服务形式：益农信息社按照提供服务内容范围分为标准型、简易型和专业型。标准型要提供农业公益服务、便民服务、电子商务、培训体验服务4类服务；简易型主要提供便民服务和电子商务，可在自然村或村民聚集区建立；专业型主要依托新型农业经营主体建立，由带头人围绕生产经营活动为成员提供专业服务。

（4）服务功能：标准型益农信息社一般具备以下功能：①农业公益服务：提供12316语音电话咨询，提供农业生产经营、技术推广、政策法规、村务管理、权益保障及个人发展等各类信息服务。②培训体验服务：开展农业新技术、新品种、新产品培训，提供信息技术和产品体验，帮助农民解决生产中的产前、产中、产后等技术和销售问题。③便民服务：开展水电气、通信、金融、保险、票务、医疗挂号、惠农补贴查询、法律咨询等服务，使村民不出村、大户不出户即可办理相关业务事项。④电子商务：开展农产品、农资及生活用品电子商务，提供农村物流代办等服务，益农信息社依托授权的电子商务平台为本地村民、种养大户等主体代购农资和生活用品等物资，如种子、农药、化肥、农机、农具、家电、衣物等，并培训和代替农村用户或种养大户等主体在电子商务平台上销售当地的大宗农产品、土特产、手工艺品等，出售休闲农业旅游预订服务，发布各类供应消息，解决当地农民渠道窄，销售难的问题。

益农信息社作为农业部信息进村入户试点工作的载体，目前已在全国特别是试点省（直辖市）的试点县（市、区）建成一批益农信息社，推动各类农业公益服务、便民服务和电子商务资源接入益农信息社，并初步形成可持续运营机制。

3. 什么是12316中央平台？

12316中央平台，即12316农业综合信息服务平台（图11-3）。

图11-3　12316农业综合信息服务平台

"12316"是全国农业系统公益服务统一专用号码。2006年中央1号文件提出，把"积极推进农业信息化建设"作为社会主义新农村的一项重要内容。为维护农民合法权益，方便广大农民群众投诉举报以及更便捷地面向社会公众提供"三农"信息服务，农业部在工业和信息化部的支持下，申请并被核配了"12316"作为全国农业系统公益服务统一专用号码，开启了12316"三农"信息服务之路。

10多年前，城乡之间客观上存在的"数字鸿沟"，产生的信息不对称，使"三农"的弱质性表现得十分突出。12316开通前的调查显示，绝大多数农民获取信息的半径不超过50km。12316应用现代信息技术拉近了城乡之间的距离，让广大农民享受到信息化带来的便利，满足农民群众的期待和需求。

如今的12316，已不再是一个简单的电话号码，而是依托12316专用号码和品牌，综合利用政府平台及社会化平台，发挥农业组织体系、资源体系和专家体系等优势，以专业系统、社交网络及新闻媒体等为载体，以数据集中、资源共享和应用协同为要义，以可持续发展为方向，以制度、机制创新为保障，面向"三农"开展综合信息服务的总称。

12316农业综合信息服务平台作为一个中央级的农业综合信息服务平台，包括12316农业综合信息服务门户、12316语音平台、12316短彩信平台、农民专业合作社经营管理系统、双向视频诊断系统、12316农业综合信息服务监管平台等应用系统。建立起了集12316热线电话、网站、电视节目、手机短彩信、移动客户端等于一体，多渠道、多形式、多媒体相结合的12316中央平台。

目前，12316服务已覆盖全国31个省份及新疆生产建设兵团，年均受理咨询电话2 000多万人次，帮助农民增收及挽回直接经济损失100亿元，被誉为农民和专家的直通线、农民和市场的中继线、农民和政府的连心线，近年来更成为信息进村入户的"高速路"、企业拓展农村市场的"直通车"、农村"双创"的"好平台"。12316能够从一个农业系统的专用公益服务号码快速发展为"三农"综合信息服务平台，从启用到成功推广并取得显著成效，成为农业系统服务"三农"的优秀品牌，本质上顺应了农民的需求。很多农民在发现假冒农资时，第一时间想到的是向12316寻求帮助。农业执法部门通过12316投诉举报线索，有针对性地开展执法检查，严厉打击各种坑农害农行为，深受农民欢迎。

4. 农业信息服务包括哪些内容？

信息服务是以信息为内容的服务业务，服务对象主要是对服务具有客观需求的社会主体，这些主体一般称为用户。信息服务具有明显的目的性和指向性，而且有很强的知识性，一般情况下，开展信息服务的主体应该是社会性较强的部门。

农业信息服务是指对农业的生产经营管理提供信息支持的一种活动，是指信息服务机构以用户的涉农信息需求为中心，开展的信息搜集、生产、加工、传播等服务工作。农业信息服务是一种公共服务，主要包括农业市场供求信息服务、农业科技服务和农业信息咨询服务等。农业信息服务可以有效整合人力、科技、市场等资源，将潜在的科技成果迅速转化为现实生产力，用高新技术武装和改造传统产业，提升农业产业的科技含量和技术水平，促进农业企业生产水平、管理水平和创新能力的提高（王志军，2005；雷娜，2008；郭会平，2014）。

农业信息服务中存在"两个一公里"，即最初一公里和最后一公里。最初一公里是指信息的供给方和创作者，也就是信息的源头；最后一公里是指传输到农民手中。而农业信息服务是两者之间的桥梁和纽带，若想开展良好的信息服务，就需要有最初一公里的信息资源，而信息资源的质量直接影响信息服务的后续活动，最后一公里是农业信息服务效果的体现，能不能发挥真正的作用主要都体现在最后一公里。农业信息服务平台可以起到连接两者的作用，一方面将农业信息资源在平台上进行发布，另一方面可以供农民查阅和学习，一个平台两项职能，是一种解决"两个一公里"问题的方式。

市场供求信息服务是农业信息服务的一项主要内容，为农民提供准确可靠的市场供求信息，可以为农产品的供给和需求提供一个良好的交易平台，拓展市场范围，扩大宣传力度，健全社会主义市场经济体系。近年来，农产品的价格波动很大，从"蒜你狠""姜你军""豆你玩"到"向钱葱"，一波波的涨价浪潮袭来，同时，多地蔬菜出现滞销情况。这些问题都需要在科学的指导和信息服务下才能解决。

农业科技服务也是农业信息服务的一项重要内容（图11-4），指运用现代农业科技知识、现代农业技术和分析研究方

图11-4　12316"三农"服务热线

法，以及经验、信息等要素向农民、新型农业经营主体提供技术服务，主要包括科学研究、专业技术服务、技术推广、科技信息交流、科技培训、技术咨询，以及技术孵化、技术市场、知识产权服务、科技评估、科技鉴证等活动。农业科技服务主要是为了解决农业从业者在农业生产过程的科技难题，如作物栽培及病虫害防治信息、作物及畜禽新种品信息、土壤施肥管理信息、畜禽养殖及疾病防治信息、农业实用新技术信息和特色种养殖信息等（高华，2016；何晨曦和赵霞2015）。

◆ 参考文献

高华,2016.新形势下北京农业科技服务体系建设研究[J].农业现代化研究,37
（6）:1029-1034.

郭会平,2014.我国农业信息服务体系发展研究[D].武汉：华中师范大学信息管理学院.

何晨曦,赵霞,2015.农户对农业科技服务满意度评价及其影响因素分析——基于1033个农户的调查数据[J].农业现代化研究,36（6）:1020-1025.

雷娜,2008.农业信息服务需求与供给研究[D].保定：河北农业大学.

王志军,2005.河北省农业信息服务体系建设研究[D].北京：中国农业大学.

第十二章
"互联网+"基础设施

1. 什么是"宽带乡村"试点工程

2011年，全国工业和信息化工作会议上首次提出了"宽带中国"战略，2013年8月，国务院印发了《"宽带中国"战略及实施方案》，部署了未来8年宽带发展目标及路径，这标志着宽带建设上升到国家层面，与水、电、路成为同等地位的国家公共基础设施。

"宽带乡村"试点工程是国家发展和改革委员会、财政部、工业和信息化部贯彻落实《"十二五"国家战略性新兴产业发展规划》和《关于印发"宽带中国"战略及实施方案的通知》文件精神，推动"宽带中国"战略实施、加快宽带公共信息基础设施在农村地区的应用与普及、缩小城乡差距的一项重要举措（图12-1和图12-2）。"宽带乡村"试点工程（一期）在内蒙古自治区、四川省、贵州省、云南省、陕西省、甘肃省开展，每省（自治区）选择20个条件较好的县（区、旗），推进农村地区宽带发展，为农村地区推广宽带应用、发展"互联网+"开辟了广阔的空间，对改善农民的生活方

宽带中国

图12-1 "宽带中国"

式、构建以信息为基础的新型农业生产经营体系，都产生极其重大的影响。

图12-2 国家"宽带乡村"工程

"宽带乡村"试点工程围绕转变经济发展方式和全面建成小康社会的总体要求，将宽带建设定位为战略性公共基础设施，更好地发挥政府的引领作用，统筹有线、无线技术手段，突出因地制宜和均衡发展，推动宽带进乡入村，提升应用普及水平，全面支撑经济社会发展。其目标是结合"宽带中国"战略实施时间表，推进农村地区宽带发展，到2015年，实现95%以上行政村通光缆，农村宽带接入能力达到4M，农村家庭宽带普及率达到30%。以四川省为例，四川于2014年6月启动"宽带乡村"试点，由中国电信公司承接建设任务。首批试点项目共涉及10个市（州）的20个区（县），建设期3年，总投资6.95亿元，重点建设乡镇到行政村光缆，农村地区基站接入光缆，农村地区光纤有线接入及农村地区的4G无线网络覆盖，到2016年年底，实现试点区域行政村光缆通达率、20M以上宽带通达率均超过95%，农村家庭宽带普及率达到35%。

经过3年的建设期，"宽带乡村"给农村带来翻天覆地的变化。以电子政务外网为基础，"宽带乡村"进一步推进农村基层政府信息化应用，现在村里也可以像城里一样用电脑办公，并接通了政府内容，方便了农村管理。"宽带乡村"还有效地促进了农业科技进入农村，满足农户农、林、畜技术和管理信息服务，农民朋友有什么不懂的技术问题，都可以通过上网咨询专家，获得满意的答复。同时，"宽带乡村"还通过电子商务构建农资现代流通网络，解决农资购买难、农产品销售难的问题。另外，通过"宽带乡村"的全域覆盖，还将为当地农村提供远程教育、医疗保障、金融网点进村等服务。

2. 什么是新一代互联网基础设施？

加强互联网基础设施建设是缩小城乡信息化水平差距的有效手段，要统筹城乡发展，解决城乡二元化问题，缩小城乡基础设施差距。

新一代互联网基础设施，不仅是传统意义上的网络，而是"网络＋云资源＋公共平台"的综合体，提供"资源＋通信＋信息应用"的综合服务（图12-3）。基础网络也不再是以传统硬件为主、设备种类繁多的电信网络，而是软件化集约控制、设备通用化和标准化的智能网络。新一代互联网基础设施提供商不再限于电信运营商，还包括互联网企业和大型企业集团（李志刚等，2015）。新一代互联网基础设施不仅提供端到端的连接功能，而且其计算、控制和感知功能大大增强，将提供宽带和泛在网络连接、智能化运营、平台化的网络云服务，即一体化的"网络＋云资源＋公共平台"服务（景言，2014）。

新一代互联网基础设施具有泛在超宽带、面向云服务、软件定义网络等重要特征。泛在宽带是固定与移动宽带协同的结果，一方面以3G/4G为代表的移动宽带的迅猛发展极大促进了宽带的泛在化，并将随着5G的发展进一步提升接入速率；另一方面全光接入的发展奠定了超高速宽带接入的坚实基础，未来家庭千兆以及个人百兆接入将成为普遍服务。将无线宽带的便捷性、广覆盖与光纤宽带的高带宽、可靠性有机结合，将实现泛在互联网宽带接入。以"高速"为特征的超宽带是网络发展的基本追求，也是

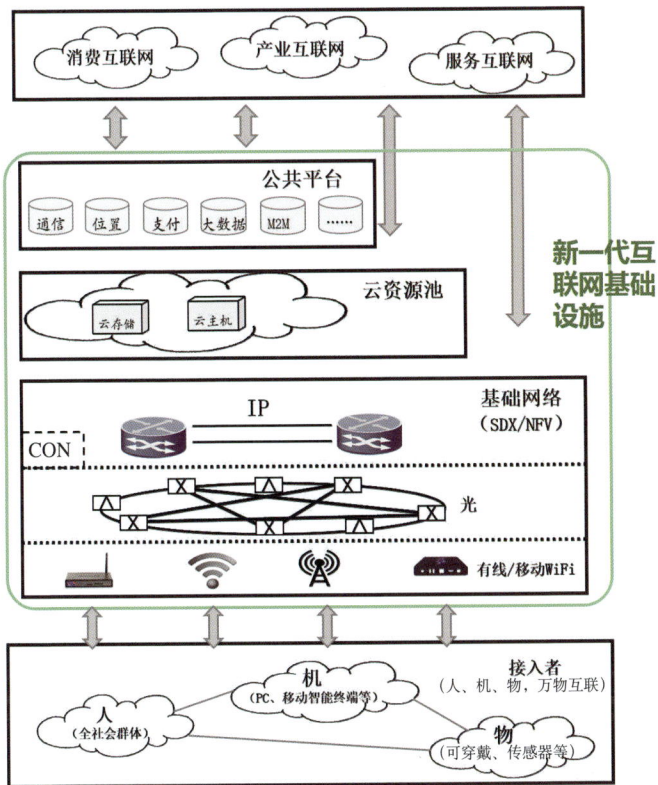

图12-3 新一代互联网基础设施结构示意

微电子、光电子等基础技术进步的自然结果，无论是接入、传送还是路由交换都在向着超宽带方向发展。随着云计算迅猛发展，云服务正在成为互联网服务的主体，为云服务提供更好的支撑是互联网基础设施的新使命。对于云服务，网络的灵活性、动态性、开放性和资源的快速提供尤为重要，网络建设理念也需要实现由"云随网动"到"网随云动"的转型。在云服务时代，新的云数据中心选址更多考虑土地、能源、气候等因素，数据中心的布局选择从"网络最优"转变为"能效最优"，这将导致"用户中心"（信息的产生和使用者）与"数据中心"（信息的存储和处理者）

的解耦，逐步形成"用户"与"数据"双中心格局，网络将更多服务于"用户"与"数据"（应用）间的互通交换以及"数据"本身的分发处理。未来网络的构建将要面向"端"和"云"两个中心，形成云端双中心的网络格局，网络将由纯粹的连接型哑管道转型为具备更强智能和一定计算/存储能力的新一代互联网基础设施。今天的网络设施是一个"刚性"管道，网络调整、资源配置、业务响应都很不灵活。而云服务的特征是资源的高度共享和动态占用，因此，必然需要一个更富弹性的网络，而弹性网络的实现有赖于资源虚拟化和软件定义。软件定义网络是近年信息通信网络的最大技术热点，也是构建新一代互联网基础设施最重要的技术手段（中国联通网络技术研究院，2016）。

3. 什么是农田基本建设信息化？

农田基本建设是为了发展农业生产，在土地上采取工程措施或生物措施，兴建能在生产上长期发挥效益的设施，是为了利用和改造自然，发展农业生产，实现稳产高产，对农田进行改造和建设所采取的措施的总称。主要包括平整土地、修筑梯田、改造坡耕地、改良土壤、营造农田防护林、兴修农田水利等。一方面，农田基本建设可以把荒芜未利用的土地开辟为耕地、牧场、果园或林地，扩大农业用地，并且可以提高农、林、牧等各类农业用地的质量，增强抗御自然灾害的能力。另一方面，农田基本建设可以改变农业生产的基本条件，提高抗灾能力，挖掘自然生产潜力，扩大稳产高产农田面积，为农业生产机械化、规模化和集约化创造条件，提高土地生产率。我国的农田基本建设以改土治水为中心，如在华北平原实行以井灌井排、旱涝碱综合治理为中心的排、灌、林、草综合配套；在黄土高原开展以水土保持为中心，建设"三地"（沟坝地、洪漫地和水平梯田），实行小流域综合治理等（国土资源部土地整理中心，2012）。

农田基本建设信息化是指在农田基本建设领域综合运用信息技术，开发利用信息资源，提高农田基本建设的科学性和有效性，使用互联网、物联网等新一代信息技术，能够实现对农田基本建设的科学管理，为实现农业信息化提供支持。

农田水利信息化是农田基本建设信息化的重要内容，有利于优化水资源调度、改善工作环境、精细灌溉和农业用水计量，对发展农田水利的综合效益、工作效率、高效节水都有重要意义。目前，我国农田水利信息化主要立足于农业灌区和园区的层面。灌区水利的信息化主要是实施科学、合理的用水、配水功能，为灌区现代化的运行管理提供科学、先进、安全可靠的技术支持，主要包括信息管理系统、调度运行系统、监测和运行控制系统、水务公开系统等。园区灌溉的信息化主要运用在果园、菜园、花卉园、现代农业园区等农田水利条件好、技术和管理要求精细的地方，重点解决农作物的生长需水问题，主要包括环境监测系统、调度运行系统等（秦学敏等，2015）。

4. 什么是农田气象监测站？

农业气象观测是我国农业生产中的一项重要工作。目前，我国农业气象观测站有653个，国家级农业气象试验站68个，这种传统的农业气象站的信息采集点往往分布广，数据多。传统的方式都是工作人员驾车逐点采集，有些无法通车的地方还需步行，既费时又费力，已经不能满足农业生产的需要。

随着移动通信技术的发展，采用TD-SCDMA技术不仅能很好地满足农业气象站信息采集的需求，将现场采集到的观测数据、图像、视频材料等通过TD-SCDMA网络及时上传，为气象服务和领导决策提供依据（赖虹和温庆娜，2014）。

农田气象监测站是为帮助农业生产而建立在农田间的气象站，包含农田小气候观测系统、土壤含水量观测系统、作物长势观测系统、环境监控系统、设备管理和控制系统等多个子系统的综合气象站。农田气象监测站通过TD-SCDMA网络将采集的常规气象数据、土壤含水量数据、图像数据和视频数据传输给气象中心站进行数据分析处理（图12-4）。

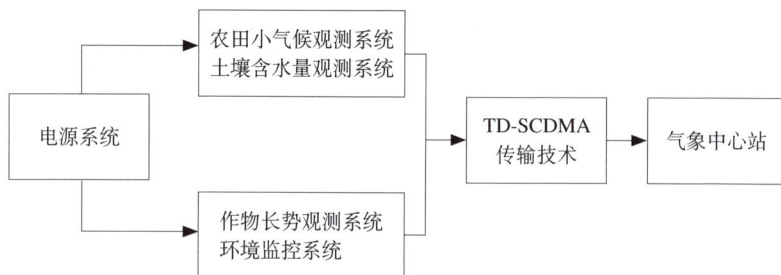

图12-4　农田气象监测站组成示意

TD-SCDMA是英文Time Division-Synchronous Code Division Multiple Access（时分同步码分多址）的简称，是我国提出的第三代移动通信标准（简称3G），也是ITU（International Telecommunication Union，国际电信联盟，简称国际电联）批准的3个3G标准中的1个，是以我国知识产权为主的、被国际上广泛接受和认可的无线通信国际标准。TD-SCDMA技术是当前我国现代农业移动互联网技术中最核心的技术。农业气象站就是通过TD-SCDMA网络将采集的常规气象数据、土壤含水量数据、图像数据和视频数据传输给气象中心站进行数据分析处理。

农田气象监测站（图12-5）是针对农业生态环境（如农田、果园、温室、畜舍等和农业生产活动环境）监测设计的一款小型自动气象站。其中，农田小气候观测系统用于观测农田环境的温度、湿度、气压、风速、风向、降水量、总辐射、二氧化碳（CO_2）含量、光合效率、地温等气象要素而设计的一款小型自动气象站；土壤含水量观测系统用于观测多层土壤含水量；作物长势观测系统用于采集作物长势图片，分析出作物不同阶段的发育期；环境监控系统用于采集现场实时视频信息，远程监控设备运行。

农田气象监测站通过数据采集器接口与数据传输终端相连，经TD-SCDMA网络空中接口功能模块对数据进行解码处理，转换成在公网数据传送的格式，传输到气象中心站。气象中心站的服务器配置固定IP地址，所有来自终端农业气象监测站的数据经过TD-

图12-5　农田气象监测站

SCDMA网络进入固定地址的服务器，通过系统软件对数据进行处理。

　　有的农田气象监测站还包括设备管理和控制系统。执行设备是指用来调节农田小气候各种设施，主要包括：二氧化碳生成器、灌溉设备；控制设备是指掌控数据采集设备和执行设备工作的数据采集控制模块，主要作用为通过智能气象站系统的设置，掌控数据采集设备的运行状态；根据智能气象站系统所发出的指令，掌控执行设备的开启和关闭。

5. 什么是土壤墒情监测站？

土壤墒情监测站是一款集土壤温湿度采集、存储、传输和管理于一体的土壤墒情监控系统，主要由土壤含水量传感器、数据采集终端（RTU）组成。其中，数据采集终端包括键盘、显示屏幕、GPS定位模块、GSM通信模块、充电电池组、充电器、防震设备箱和测量打孔传感器埋设辅助工具等。土壤墒情监测站的主要功能是采集不同深度土壤墒情、经纬度位置和土壤深度等信息，通过GSM方式（也可通过Rs232串口将数据导入计算机）发到上级监测分中心，实时入库保存，快速掌握土地旱情动态，避免或减少旱灾造成的损失。为了提高农牧业抗旱管理水平，逐步建立起广泛覆盖的土壤墒情监控系统已经成为相关管理部门的重要任务之一。

随着信息化技术与自动控制技术的广泛应用，土壤墒情监测站逐渐具备了控制能力，形成了墒情监控系统（图12-6）。土壤墒

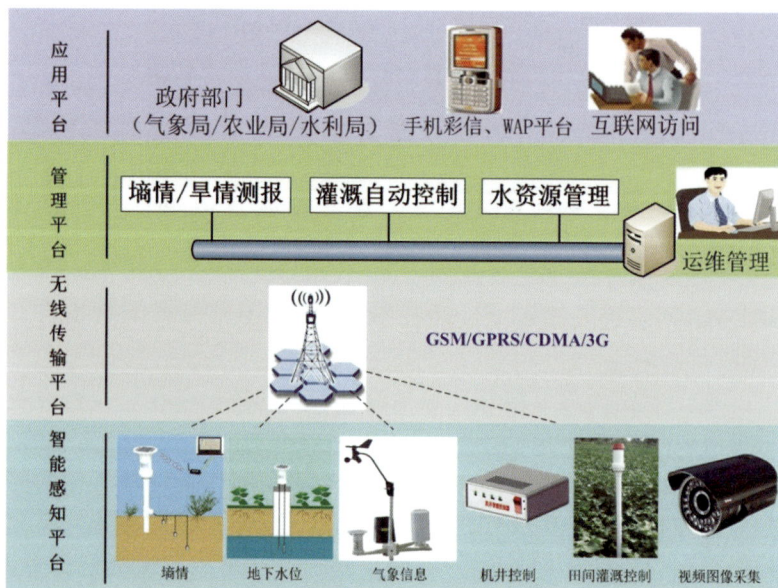

图12-6　墒情监控系统总体结构

情监控系统主要有3大部分。一是建设墒情综合监测系统，建设大田墒情综合监测站，利用传感技术实时观测土壤含水量、温度、地下水位、地下水质、作物长势、农田气象信息，并汇聚到信息中心，信息中心对各种信息进行分析处理，提供预测预警信息服务。二是灌溉控制系统，主要是利用智能控制技术，结合墒情监测的信息，远程控制灌溉机井、渠系闸门等设备和用水量，提高灌溉自动化水平。三是构建大田种植墒情和用水管理信息服务系统，为大田农作物生长提供合适的水环境，在保障粮食产量的前提下节约水资源。

墒情监控系统针对农业大田种植分布广、监测点多、布线和供电困难等特点，利用物联网技术，采用高精度土壤温湿度传感器和智能气象站，远程在线采集土壤墒情、气象信息，实现墒情（旱情）自动预报、灌溉用水量智能决策、灌溉设备远程控制等功能（图12-7至图12-9）。系统根据不同地域的土壤类型、灌溉水源、灌溉方式、种植作物等划分不同类型区，在不同类型区内选择代表性的地块，建设具有土壤含水量、地下水位、降水量等信息自动采集、传输功能的监测点。通过灌溉预报软件结合信息实时监控系统，获得作物最佳灌溉时间、灌溉水量及需采取的节水措施为主要内容的灌溉预报结果，定期发布，科学指导农民实时适量灌溉，达到节水目的。

图12-7 墒情监控系统终端设备和控制终端

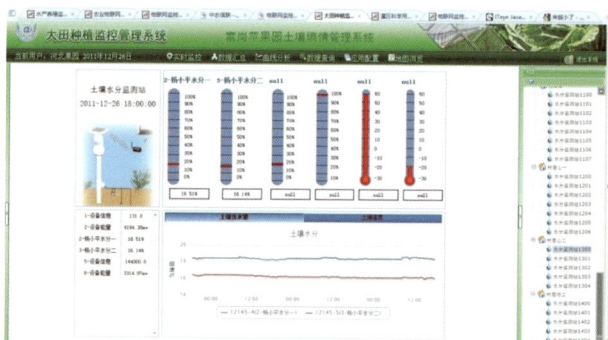

图12-8　墒情监控系统——墒情监测平台

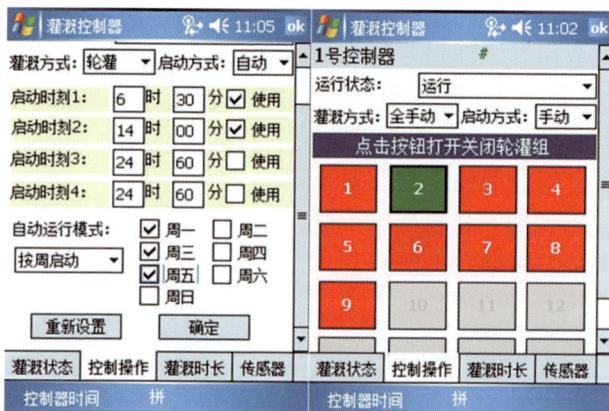

图12-9　墒情监控系统——灌溉控制器

◆ 参考文献

国土资源部土地整理中心,2012.土地整理工程[M].北京:中国人事出版社.

景言,2014.构建新一代互联网基础设施[J].通信管理与技术(6):39-43.

赖虹,温庆娜,2014.农业气象站中3G移动通讯技术的应用[J].农业气象(1):173-174.

李志刚,朱志军,饶少阳,等,2015.面向"互联网＋",打造新一代互联网基础设施[J].电信技术(4):15-16.

秦学敏,温靖,陈位政,等,2015.信息化在农田水利中的应用[J].农业工程技术(33):43-46.

中国联通网络技术研究院,2016.CUBE-Net:面向云服务的新一代互联网基础设施[J].科学中国人(13):34-35.

图书在版编目（CIP）数据

"互联网+"现代农业知识读本 / 李奇峰，李洁主编
. —北京 ：中国农业出版社，2018.12（2019.6重印）
ISBN 978-7-109-24931-8

Ⅰ．①互… Ⅱ．①李… ②李… Ⅲ．①互联网络－应
用－现代农业 Ⅳ．①F303.3-39

中国版本图书馆CIP数据核字(2018)第265621号

中国农业出版社出版
（北京市朝阳区麦子店街18号楼）
（邮政编码 100125）
责任编辑 段丽君

中农印务有限公司印刷 新华书店北京发行所发行
2018年12月第1版 2019年6月北京第2次印刷

开本：880mm×1230mm 1/32 印张：5.5
字数：150 千字
定价：26.50 元
（凡本版图书出现印刷、装订错误，请向出版社发行部调换）